Elke Werner · Klaus-Günter Pache

Stille

ELKE WERNER · KLAUS-GÜNTER PACHE

Stille

Dem begegnen,
der alle Sehnsucht stillt

GOTT
ERLEBEN

SCM R.Brockhaus

SCM

Stiftung Christliche Medien

4. Auflage 2010

© 2009 SCM R.Brockhaus im SCM-Verlag GmbH & Co. KG, Witten
Gesamtgestaltung: Provinzglück GmbH – www.provinzglueck.com
Druck: CPI–Ebner & Spiegel, Ulm
ISBN 978-3-417-26296-4
Bestell-Nr. 226.296

Inhalt

Vorwort von Ulrich Eggers

In keiner Situation meines Lebens bin ich Gott so intensiv begegnet, wie in der Stille. Egal, ob bewusst gesucht oder »zufällig« gefunden.

Mit wenig anderen geistlichen Übungen habe ich solche Frust-Erfahrungen gemacht wie mit der Stille. Die Begegnung mit Gott gesucht, den toten Buchstaben des Gesetzes gefunden. Gescheitert an der Form und an mangelnder Disziplin.

Stille – Faszination und Frust. Ersehnt und vermieden. Gewollt und verdrängt. Gelobt und abgewehrt. Unglaublich ambivalent ist unser Empfinden hier. Da ist eine dunkle Ahnung oder ein Wissen im Kopf – vielleicht auch nur eine flache Überzeugung durch Hörensagen: Stille könnte gut tun. Ich bräuchte sie wohl. Aber zugleich ist da eine tief verborgene Angst und Abwehr vor der Leere, vor den Gedanken, den Fragen, die nicht beantwortet werden. Panik, weil ich dann schlicht nicht mehr weiß, was zu tun ist. Angst vielleicht auch vor einem negativen Gottesbeweis: Gott zu suchen in der Stille – aber nichts zu finden.

Und dennoch gibt es da die vielen, die sich einig sind: Stille hilft wie kaum etwas anderes dabei, Gott zu begegnen. Meine Sehnsucht nach Geborgenheit, Liebe und Leben in der Fülle gestillt zu bekommen. Verankert zu sein. Einen Zufluchtsort zu haben. Stille wirkt!

Wenn ich mich ihr aussetze. Wenn ich endlich entdecke, dass sie kein Gegensatz zu Arbeit oder Aktion, sondern die natürliche und notwendige Ergänzung ist. So wie die Nacht und der Schlaf zum Tag und zur Aktivität gehören. So wie der Sonntag zur Woche. Das ist Gottes Lebensrhythmus. Stille gehört dazu.

Aber ich muss meinen eigenen Weg finden. Meinen Stille-Stil. Die Zeit und die Methode, die mir am besten hilft, Gott zu begegnen. Dieses Buch kann ein erster Einstieg dazu sein. Ein Kapitel pro Tag. Immer wieder einmal einen Abschnitt lesen. Sich von den Erfahrungen anderer inspirieren lassen, die Gott in der Stille gefunden haben. Stille suchen. Es wirklich tun.

Und den persönlichen Stil finden. Deswegen gibt es dieses Buch auch auf CD. Denn ich zum Beispiel finde stille Zeiten am besten bei langen Autofahrten – da, wo nichts mehr ablenkt. Wo ich bewusst bete und rede und höre und denke – und mich und mein Leben Gott hinhalte. Gutes empfange. Darüber nachdenke. Gott Zeit gebe. Hinhöre.

Stille wirkt. Warum? Weil wir einen redenden Gott haben, der die Beziehung zu uns will. Der uns nahekommen will. Der nicht Teil eines religiösen Systems aus Vorschriften und Überzeugungen ist, sondern naher Vater, der sich nach gelebter Beziehung zu seinen Kindern sehnt. Dass das auch für Sie gilt, sagt mir dieser alte Satz, den ich immer wieder erfahren habe: »Als ich still wurde, da sprach Gott zu mir. Und ich entdeckte, dass er schon lange geredet hatte – aber ich war viel zu laut und beschäftigt, um ihn zu hören.«

Genau das haben auch die Autoren dieses Buches erlebt. Elke Werner und Klaus-Günter Pache bringen nicht nur großes biblisches Wissen ein, sondern die persönliche Erfahrung des Unterwegsseins mit Gott auf der Langstrecke. Ohne persönliche Begegnung mit ihm, ohne das persönliche Suchen und Finden in der Stille, hält Glaube nicht durch. Gerade deswegen empfehle ich dieses Buch so sehr: für Sie persönlich – oder am besten als gemeinsame Aktion mit Ihrem Hauskreis oder Ihrer ganzen Gemeinde. Im Jahr der Stille 2010 – und darüber hinaus. Denn Stille wirkt. Wenn wir sie suchen.

Ulrich Eggers
Redaktionsleiter Magazin AUFATMEN,
Verlagsleiter Bundes-Verlag

Vorwort der Autoren

Dieses Buch soll ein leiser Akzent in einer lauten Zeit sein, eine stille Aufforderung, Gottes Nähe zu suchen. Das erscheint uns in allem Lärm und aller Hektik nötiger denn je. Stille erfahren, einfach mal still sein und in diesen 40 Tagen Gott zu Wort kommen lassen – das ist das Anliegen.

Sie werden dieses Buch alleine oder zusammen mit anderen Menschen aus Ihrem Freundeskreis oder Ihrer Gemeinde lesen. Für jeden Tag dieser sechs besonderen Wochen gibt es eine Andacht, verbunden mit einer praktischen Idee, wie Sie zur Ruhe kommen können, damit Gott zu Wort kommt. Ein Zitat, das die Kernaussage des Tages noch einmal prägnant zusammenfasst und zum Nachdenken anregt, rundet die Andachten ab. 40 Tage, und jeden Tag bietet sich Ihnen die Möglichkeit, die Bibel etwas besser kennenzulernen und ein wenig Zeit in Gottes Nähe zu verbringen.

Wenn Sie das Buch alleine lesen, können Sie die 40 Tage zu Ihren Tagen mit Gott erklären – ein besonderer Akzent der Stille in einem neuen Jahr. Da sich viele Gemeinden an der Aktion »40 Tage Gott erleben« beteiligen werden, können Sie sich für diese Zeit auch einem Hauskreis oder einer Kleingruppe anschließen. Hier sprechen Sie in den wöchentlichen Treffen über das Thema der Woche. An den sechs Sonntagen werden in den Predigten die Themen aufgenommen und Sie erhalten so einen ersten Impuls zu dem, was in der jeweiligen Woche wichtig ist.

Sechs Wochen, in denen uns sechs Personen aus der Bibel helfen, Wesentliches in den Blick zu bekommen:

In der ersten Woche ist es Jesus selbst, der uns hilft, die Stille neu zu entdecken. Er hat uns die besondere Verheißung gegeben, dass er unsere Sehnsucht nach Mehr stillen will.

In der zweiten Woche wollen wir lernen, Gott in der Stille zu begegnen. Wir werden sehen, dass diese besonderen Zeiten

Lichtblicke in unserem Alltag sind. Mit Mose wollen wir mehr von der Herrlichkeit Gottes erfahren.

In der dritten Woche durchbricht Gott die Stille, so wie bei Samuel, als er mitten in der Nacht von der Stimme Gottes überrascht wurde. Dieses Hören auf Gott veränderte sein Leben.

In der vierten Woche lehrt uns die Gegenwart Gottes das Staunen. Wir werden still und hören zu. Wir lernen mit Maria, Gott anzubeten.

In der fünften Woche ist es Ester, diese besondere Frau aus Persien, die eine unglaubliche Berufung erlebt und dann im Palast des persischen Monarchen zur Retterin ihres Volkes wird. Stille war ihr Geheimnis, der unbedingte Wille, auf Gott zu hören und ihm zu gehorchen.

In der letzten, der sechsten Woche schließt sich der Kreis. Leben aus der Stille ist ein Leben in der Kraft Gottes. Petrus hat das erlebt. Aus dem Macher, dem Mann der großen Worte, wurde der Apostel der Hoffnung. Aus der Stille heraus durfte er noch einmal von vorne anfangen.

Das Schlüsselanhänger-büchlein **Eine Minute Stille**, das die Gedanken des Tages enthält und im Buchhandel erhältlich ist, soll Ihnen schließlich dabei helfen, immer und überall still zu werden und sich auf den zu konzentrieren, der uns jederzeit gerne begegnen will. Ob beim Warten an der Kasse, in der Straßenbahn, in der

Mittagspause oder einfach zwischendrin: Erinnern Sie sich an das, was Sie am Morgen gelesen haben, und lassen Sie es ins Herz rutschen.

Von Herzen wünschen wir Ihnen beim Lesen dieses Buches Gottes Nähe, die Begegnung mit dem Auferstandenen. Gott erleben, dem begegnen, der alle Sehnsucht stillt – wenn das in diesen 40 Tagen geschieht, dann wird das Ihr Leben für alle Zeiten verändern.

Elke Werner und Klaus-Günter Pache

»Nur an einer stillen Stelle
legt Gott seinen Anker an.«

Rudolf Kögel

Sehnsucht nach mehr

Die Stille entdecken

*Seid stille und erkennet, dass ich Gott bin! Ich will der
Höchste sein unter den Heiden, der Höchste auf Erden.
Psalm 46,11 (LUT)*

Unsere Sehnsucht, Gottes Einladung

Stille.
Stille ist nicht die Abwesenheit von Lärm.
Stille ist eine innere Haltung, eine Insel im Herzen.
Es geht um eine heilige Unruhe. Um Fülle und Erfüllung.
Um Momente des inneren Still-Werdens, des Ge-still-t-Werdens.

In Khartum, der Hauptstadt des Sudan, gibt es ein kleines Café, das bei unseren jährlichen Reisen dorthin mein Lieblingsplatz geworden ist. Mitten auf einer großen Verkehrsinsel kann man unter Bäumen sitzen und einen guten Kaffee trinken, ein Eis essen, Freunde treffen, entspannen. Rundherum fahren Tausende Autos. Doch ist man erst einmal heil über die Straße gekommen und sitzt im Café auf dieser kleinen Insel, vergisst man die Autos. Mitten in der Hektik des Alltags, mitten an einem großen Straßenknotenpunkt hat man das Gefühl, in einem kleinen Garten Eden zu sitzen. Menschen unterhalten sich angeregt. Kinder spielen miteinander. Die Jugendlichen sind auf Brautschau unterwegs. Es ist fast so, als würde man in eine andere Wirklichkeit eintauchen, wenn man die hektische Straße verlässt und bei dem Café angekommen ist. Und wenn man es wieder verlässt und sich durch die vielen Autos, die den Kreisel umrunden, einen Weg zurückbahnt, kann man kaum glauben, dass man im Café von all dem Lärm und der Hektik gar nichts mitbekommen hat.

Das ist die Art von Stille, um die es in diesem Buch geht. Mitten in der Hektik um uns herum können wir eintauchen in die Wirklichkeit Gottes, die uns in unserem Leben umgibt. Wir können den Stress für einige Momente vorbeiziehen lassen und abschalten, hinhören, genießen, gestärkt wieder zurückgehen in den Alltag.

Stille hat immer schon Menschen fasziniert. Auch wenn wir letztlich selbst für all den Lärm um uns herum verantwortlich sind, auch wenn wir selbst oft die Stille meiden und kaum einmal einen Augenblick innehalten, sondern uns berieseln lassen von Musik oder Fernsehen: Wir sehnen uns nach Stille. Nach einer Pause für unsere Seele. Wenn wir nach einem hektischen Tag nach Hause kommen, wollen wir nur noch eines: abschalten. Und was machen wir? Wir schalten an. Den Fernseher, den Computer, das Radio. Irgendwie scheinen wir zu ahnen, dass Stille gefährlich sein kann. Wir sehnen uns nach ihr, aber wir haben auch Angst vor ihr.

> **Mitten in der Hektik um uns herum können wir eintauchen in die Wirklichkeit Gottes, die uns in unserem Leben umgibt.**

Als Jugendliche ging ich mit Freundinnen immer wieder einmal in ein kleines, katholisches Karmelitinnenkloster – obwohl ich evangelisch war. Wir durften die Schwestern besuchen und durch eine Scheibe mit ihnen sprechen. Gemeinsam lasen wir in der Bibel und redeten über das, was uns wichtig wurde. Danach feierten sie ihren Gottesdienst. Wir durften dabei sein, aber wieder durch ein Gitter abgetrennt von den Schwestern, quasi als Zuschauer in der hintersten Reihe. Private Kontakte, persönliche Gespräche waren nicht erlaubt. Sie lebten abgeschieden von allem Weltlichen in ihrem Kloster. Sozusagen auf ihrer kleinen Insel. Schon immer haben Mönche und Nonnen sich aus der Welt zurückgezogen, um völlig für Gott da zu sein, in der Stille seine Stimme zu hören und sich ganz dem Gebet zu widmen. Damals fragte ich mich bereits: »Muss man einen solch radikalen Weg gehen, um Gottes Stimme hören zu können? Muss man sich von der Welt verabschieden, um für Gott da zu sein?«

Was brachte in all den Jahrhunderten so viele Menschen dazu, in ein Kloster zu gehen oder in die Einsiedelei? Die Frage dahinter ist die: Woher kommt die Sehnsucht des Menschen nach solch absoluter Stille? Ich denke, sie kommt aus unserem Innersten, aus unserer Seele. So sind wir Menschen geschaffen. Wir tragen in uns das Wissen, dass es im Leben mehr gibt als das Materielle, das Sichtbare. Wir spüren in uns eine Sehnsucht nach der Transzendenz, nach der Wirklichkeit Gottes. Das kommt daher, dass Gott uns Menschen als sein Gegenüber geschaffen hat. Als Gefährten, als Freunde, als Gesprächspartner. Er hat viel von sich in uns Menschen hineingelegt, als er uns in seinem Bild erschuf. Als Mann und als Frau sind wir dazu gemacht, neben all der Arbeit still zu werden, auszuruhen und auf Gott zu hören. Er selbst erdachte den Rhythmus von Tag und Nacht, von Arbeiten und Ruhen:

> **Wir tragen in uns das Wissen, dass es im Leben mehr gibt als das Materielle, das Sichtbare.**

Und so vollendete Gott am siebenten Tage seine Werke, die er machte, und ruhte am siebenten Tage von allen seinen Werken, die er gemacht hatte. Und Gott segnete den siebenten Tag und heiligte ihn, weil er an ihm ruhte von allen seinen Werken, die Gott geschaffen und gemacht hatte (1. Mose 2,2-3; LUT).

Gott selbst wurde still. Er ließ alles los, schaute sich an, was er gemacht hatte, und konnte sich an allem freuen. Er gebot auch den Menschen, diesen siebten Tag zu heiligen, das heißt abzusondern von den anderen Tagen. An diesem Tag sollte man die Stille besonders suchen, um Gott zu begegnen. Unsere innere Sehnsucht nach Stille ist also angetrieben von unserer inneren, von Gott in uns Menschen hineingelegten Uhr, die den Rhythmus des Lebens in sich trägt: Arbeiten und Ruhen.

Doch nicht nur der wöchentliche Ruhetag bringt Stille in unser Leben. Auch mitten im Alltag können wir kleine Inseln der Ruhe schaffen und dort der Seele ihren Raum geben, sie »baumeln« lassen. Wir können entspannen und gleichzeitig gespannt hinhören, was Gott uns zu sagen hat.

Nehmen wir als Beispiel ein Formel-1-Rennen. Obwohl es bei diesem Rennen um Hundertstelsekunden geht, vergisst keiner der Fahrer, in die Box zu fahren, um dort zu tanken, sein Fahrzeug zu überprüfen und neu rüsten zu lassen. In den wenigen Augenblicken in der Box geschieht sehr Wesentliches. Jede Hundertstelsekunde entscheidet über Sieg oder Niederlage. Wer meint, auf solche Stopps verzichten zu können, kommt vielleicht eine Zeit lang schneller voran, wird aber am Ende nicht das Ziel erreichen. Ohne Benzin im Tank fährt auch ein Formel-1-Auto nicht. Und wer die falschen Reifen aufzieht, riskiert bei den dortigen Geschwindigkeiten sein Leben.

> **Stille ist nicht die Abwesenheit von Lärm, sondern die Anwesenheit von Gott.**

Ähnlich ist es bei uns: Wer das Ziel seines Lebens erreichen will, braucht regelmäßige Stopps bei Gott. Anhalten, innehalten, hinhalten, aushalten, neue Kraft erhalten, einen Halt im Leben bekommen. Darum geht es in der Stille.

Gott ist bereit für unseren Boxenstopp. Er lädt Sie ein, bei ihm anzuhalten. In seiner Gegenwart, an diesem heiligen Ort der Nähe Gottes, erhält unser Leben eine neue Richtung. Vielleicht kennen Sie Gott noch gar nicht. Aber Sie spüren diese Sehnsucht nach mehr. Nach Ruhe im Herzen. Nach Geborgenheit. Nach Sicherheit und Schutz. Nach Nähe und Frieden. Dann sollten Sie sich aufmachen, Gott zu suchen. Dieses Buch möchte Ihnen dabei helfen. Schon Augustinus meinte: »Unser Herz ist unruhig, bis es Ruhe findet, o Gott, in dir.«

Vielleicht leben Sie auch schon viele Jahre mit Gott und aus einer lebendigen persönlichen Beziehung zu ihm ist Routine geworden, der Stopp bei Gott eine lästige Pflicht. Dann möchte dieses Buch Sie dazu einladen, sich neu auf das Abenteuer des Hörens auf Gott einzulassen. Ihm in der Stille zu begegnen. Neue Kraft bei ihm zu tanken. Sie werden überrascht sein, wie klar Gott redet, und wie spannend das ist.

Stille ist nicht die Abwesenheit von Lärm, sondern die Anwesenheit von Gott. Mitten im Alltag. Nicht hinter Mauern, nicht hinter Glas, sondern mitten in Ihrem eigenen Leben. Gott ist bereit. Lassen Sie sich auf das Abenteuer ein? (EW)

Stille praktisch:

 *Schon seit vielen Jahrhunderten üben sich Christen darin, auf Gott zu hören. Um still werden zu können und der Seele Raum zu verschaffen, gibt es eine kleine Übung, mit der wir uns heute und in dieser Woche beschäftigen wollen: das Herzensgebet.*

Das geht so: Achten Sie auf Ihren Atemrhythmus. Einatmen und Ausatmen wechseln regelmäßig ab. Sie atmen gleichmäßig und entspannt. Dabei sprechen Sie in Ihrem Herzen beim Einatmen: »Jesus«, und beim Ausatmen: »Christus«. Versuchen Sie das doch einfach einmal für einige Minuten.

Man kann diese Übung jederzeit und an allen Orten wiederholen. Sie hilft dabei, sich auf das Wesentliche zu konzentrieren, und lenkt den Blick des Herzens auf Jesus Christus. Wer möchte, kann auch beim Einatmen: »Jesus Christus«, und beim Ausatmen: »Erbarme dich meiner!«, sagen.

Der Gedanke des Tages:

»Das ewige Wort wird nur in der Stille laut.«
(Meister Eckhart)

Ich will dich unterweisen und dir den Weg zeigen, den du gehen sollst; ich will dich mit meinen Augen leiten.
Psalm 32,8 (LUT)

Sie haben Ihr Ziel erreicht!

Mit einem kleinen Zettel auf dem Schoß fuhr ich früh am Samstagmorgen zu einem Seminar, bei dem ich sprechen sollte. Auf dem Zettel stand die Wegbeschreibung. Ich war nach Essen unterwegs. Dort sollte ich an einer bestimmten Stelle von der Stadtautobahn abfahren und mich dann Richtung Baldeneysee halten. Dort würden dann schon die Hinweisschilder auf das Haus stehen, das ich suchte. Am Baldeneysee angekommen, sah ich kein einziges solches Schild. Was blieb mir anderes übrig, als um den See herumzufahren? Um diese Uhrzeit – gegen 8 Uhr an einem Samstagmorgen – sind die Straßen menschenleer. Der Termin meines Vortrags rückte immer näher. Endlich sah ich einen Mann, der die Straße fegte. Er kannte das Haus. Ich war mittlerweile am falschen Ende des Sees angekommen. Also entweder weiter um den See herumfahren oder umdrehen. Ich entschied mich fürs Weiterfahren und kam mit etwas Verspätung an.

Wie anders ist es, wenn ich heute unterwegs bin. Ich habe eine »Regina«, eine »Herrscherin« im Auto. Sie bringt mich von jedem beliebigen Ort an jeden anderen beliebigen Ort. Ich muss ihr einfach nur gehorchen. Manchmal fahre ich dennoch »nach Gefühl« und nicht nach ihren Vorschlägen. Aber »Regina« ist ja kein Unmensch. Sie ist barmherzig und wo auch immer ich gelandet bin, sie bringt mich doch zum Ziel. Oft sagt sie: »Wenn möglich, bitte wenden«, oder: »Ihre Route wird neu berechnet. Fahren Sie zur geplanten Route.«

Wie ist es in unserem Leben mit der Orientierung? Viele von uns leben nach ihrem Bauchgefühl. Sie lassen sich treiben, entscheiden spontan oder warten ab, bis sich ihnen Gelegenheiten im Leben bieten, die sie dann fröhlich ergreifen. Andere träumen vom großen Glück, während das kleine ungeachtet an ihnen vorbeizieht. Sie denken: erst die Ausbildung, dann heiraten, dann Kinder, dann das kleine Häuschen am Waldrand, dann in die Rente gehen und nur noch reisen und das Leben genießen. Doch was, wenn das Leben uns übel mitspielt, wenn wir krank werden, arbeitslos? Wenn wir zerstritten sind mit geliebten Menschen oder in Konflikten mit Arbeitskollegen und Nachbarn stecken? Was gibt uns Orientierung im Alltagsdschungel? Wer kann uns helfen, auf wen können wir hören? Ist Stille die Antwort?

> Andere träumen vom großen Glück, während das kleine ungeachtet an ihnen vorbeizieht.

Unterschiedliche Weltanschauungen bieten verschiedene Methoden an, wie man in Stille, in Meditation einsteigen kann. Die Frage ist: Was will ich in der Stille erreichen? Will ich mich in mich selbst versenken? Oder will ich mit der übernatürlichen Wirklichkeit, der Transzendenz in Kontakt treten? Was suche ich, wenn ich still werde? Oder besser gesagt: Wen suche ich? Wer sich selbst sucht, wird mit sich selbst allein bleiben. Wer Stille sucht, um Orientierung im Leben zu finden, sollte sich an den Erfinder des Lebens wenden, an den lebendigen Gott selbst, der sich in Jesus Christus offenbart hat. Und in diesem Buch geht es genau darum, auf diesen Gott zu hören, der sich uns in der Bibel zeigt. Es geht um den Vater im Himmel, um Jesus Christus und um den Heiligen Geist. Drei und doch – eins. Seit mittlerweile fast zweitausend Jahren haben sich Menschen in ihrer Sinnsuche und mit ihren Glaubensfragen an Jesus Christus orientiert. Wir laden jeden Leser dieses Buchs ein, sich darauf einzulassen, Jesus Christus zu entdecken und auf ihn zu hören. Gerade in dieser ersten Woche wollen wir auf sein Beispiel sehen: Was können wir von ihm über die Stille lernen?

Jesus führte ein sehr spannendes, arbeitsintensives, aufregendes und anstrengendes Leben. Von dem Zeitpunkt seines öffentlichen Auftretens an nahm seine Arbeitslast täglich zu. Die Nachricht, dass er Menschen heilte, verbreitete sich wie ein Lauffeuer. Jeder wollte ihn sehen, ihm zuhören, von ihm geheilt werden. Egal, wohin er kam, er wurde von Menschen bedrängt.

Jesus war mit einem klaren Auftrag auf diese Welt gekommen. Er wusste, dass er gekreuzigt werden würde, um die Menschen mit Gott zu versöhnen. Wie sollte er bei den täglichen Anforderungen noch den Durchblick behalten, was wichtig war und was nicht? Wie konnte er den Kurs seines Lebens beibehalten? Wie fand er Orientierung?

> **Jesus zog sich immer wieder zurück aus all dem Trubel, um allein auf Gott zu hören.**

Jesus zog sich immer wieder zurück aus all dem Trubel, um allein auf Gott zu hören. Er tat das zu zwei verschiedenen Zeitpunkten. Entweder stand er sehr früh auf und suchte die Stille allein und betete:

Ganz früh am nächsten Morgen, noch halb in der Nacht, ging Jesus aus dem Ort hinaus an eine einsame Stelle. Dort betete er (Markus 1,35; DBU).

Oder er schickte die Leute am Abend nach Hause und suchte sich dann eine Möglichkeit, allein mit Gott zu sein: *Nachdem sie gegangen waren, stieg Jesus allein auf den Berg, um zu beten. Es war inzwischen Abend geworden und er war ganz allein dort (Matthäus 14,23; DBU).*

Morgens und abends – das sind auch für uns oft die einzigen Zeiten, über die wir frei verfügen können. Eine Freundin von mir, Mutter von drei kleinen Kindern, steht sehr früh auf, trinkt ihren Kaffee und nimmt sich Zeit, mit Gott zu reden, bevor der Rest der Familie aufsteht.

Es gibt aber auch Menschen, die so früh morgens noch nicht einmal wissen, wie sie heißen, deren biologischer Rhythmus anders ist. Denen zu sagen, sie sollten noch früher aufstehen, um mit Gott zu reden, wäre kein guter Rat. Doch sie können sich abends Zeit nehmen, wenn die Frühaufsteher schon längst nicht mehr denken können. Mein Mann zum Beispiel ist abends viel fitter als morgens früh. Welcher Typ sind Sie?

> **Entscheidungen treffen wir selten während des Gottesdienstes. Wir treffen sie mitten im Leben.**

Jesus hat sich auch zwischendurch, mitten im Alltag, immer wieder im Gebet an Gott gewandt. Er wusste, dass er nur durch die Kraft Gottes Wunder tun konnte. So heißt es oft, dass er seine Augen zum Himmel erhob und dann handelte. Das heißt: Er betete, und dann erst tat er die Wunder oder sprach zu den Anwesenden. Er war im ständigen Kontakt mit dem Vater im Himmel. Er suchte die Stille, auch mitten im Trubel, wenn eigentlich nicht an Stille zu denken gewesen wäre. Durch sie bzw. aus ihr heraus sprach er, handelte er, entschied er, lebte er. Stille war die Grundlage seines Lebens. In der Stille begegnete er dem Vater.

Die Frage ist: Wer oder was steuert mein Leben? Komme ich ohne die Anleitung Gottes auch wirklich am Ziel meines Lebens an? Oder brauche ich seine Hinweise: Wenn möglich, bitte wenden? Wo führe ich mein Leben nach meinen eigenen Vorstellungen und wo lasse ich mich von Gott führen? Entscheidungen treffen wir selten während des Gottesdienstes. Wir treffen sie mitten im Leben. Welche Ausbildung soll ich machen? Wechsle ich meine Arbeitsstelle? Wie gehe ich mit Kollegen um? Wie kann ich mein Kind richtig erziehen? Wie können wir als Ehepaar neu zueinander finden? Soll ich den Krebstest machen lassen? Wofür gebe ich mein Geld aus? Das sind die Entscheidungen, die unser weiteres Leben prägen werden. Und bei ihnen brauchen wir Hilfe. Wir brauchen Gottes »himmlisches Navi«, das uns durchs Leben führt. Doch Achtung! Gott ist kein seelenloses Navi, das an unserem Leben und Ergehen nicht interessiert und beteiligt ist und uns einfach nur auf schnellstem Weg ans Ziel bringen will. Er ist wie ein Vater, der aus Liebe gute Ratschläge für den Lebensweg gibt, oder wie eine Mutter, die ihren Kindern zuhört und ihnen hilft, sich in der Welt zu orientieren.

Jesus brauchte diese Pausen bei Gott, die ihm neue Orientierung ermöglichten. Er brauchte Stille, und sie veränderte seinen Alltag. Wie viel mehr brauchen wir sie! (EW)

Stille praktisch:

Nehmen Sie sich heute noch einmal Zeit für das Herzensgebet. Beim Einatmen könnten Sie sagen: »Jesus Christus«, und beim Ausatmen: »Hier bin ich«. Achten Sie darauf, dass Sie gleichmä-  *ßig atmen und Ihre Gedanken auf die Worte beschränken, die Sie innerlich sprechen.*

Der Gedanke des Tages:

»Das Ziel gibt der Richtung einen Sinn.«
(Werner Mitsch)

In dieser Zeit stieg Jesus auf einen Berg, um zu beten. Er betete die ganze Nacht. Als es hell wurde, rief er seine Jünger zu sich und wählte zwölf von ihnen aus, die er »Apostel« nannte. Als Jesus mit seinen Jüngern den Berg hinuntergestiegen war, kamen sie zu einem großen freien Platz (...) Hier hatte sich eine riesige Menschenmenge versammelt, darunter viele seiner Anhänger. Die Leute kamen sogar aus Judäa, aus Jerusalem und aus den Hafenstädten Tyrus und Sidon. Sie waren gekommen, um Jesus zu hören und von ihren Krankheiten geheilt zu werden. Alle, die von bösen Geistern beherrscht waren, wurden befreit. Jeder versuchte, Jesus zu berühren; denn von ihm ging eine Kraft aus, die sie alle heilte.
Lukas 6,12-13.17-19 (HFA)

Stille – nur wie?

Gestern haben wir gesehen, dass Jesus ganz selbstverständlich immer wieder die Stille suchte, die Begegnung mit seinem Vater, um Orientierung und Kraft zu finden für seinen Dienst. Auch wir sollten also immer wieder still werden, damit wir in der richtigen Richtung unterwegs sind. Aber wie bekommen wir sie? Und wenn wir schließlich still sind, stellt sich immer noch die Frage: Hören wir ihm überhaupt zu? Wenn wir ehrlich sind, ist es doch immer wieder ein Kampf, und wir wissen, dass uns wohl nichts mehr fehlt in dieser lauten Zeit, als das Gespräch mit Gott. Wo hören wir ihn? Hören wir ihn überhaupt?

Meine Krankenkasse gibt vierteljährlich ein Infoblatt heraus. Vor einiger Zeit las ich dort einen Artikel mit der Überschrift: »Denn sie hören nicht, was sie tun.« Demnach leiden vierzehn Millionen Menschen in Deutschland unter Hörstörungen: Schwerhörigkeit, Taubheit und dem nervtötenden Tinnitus.

Wenn unsere Zeit etwas kennzeichnet, dann sicherlich das: Wir sind von immer mehr Lärm umgeben. Die leisen Töne können viele von uns gar nicht mehr so recht ertragen. Viele haben Angst vor der Stille, Angst vor den leisen Tönen.

Doch eins ist klar: Wir brauchen Stille, um zu hören – aber wie bekommen wir sie? An dieser Stelle muss ich einen Begriff ins Spiel bringen, der sich nicht unbedingt allgemeiner Wertschätzung erfreut: Disziplin! Disziplin bedeutet in unserem Zusammenhang: Ich will verhindern, dass alles in meinem Leben so zugeschüttet wird, dass für die Stille kein Raum mehr bleibt.

Wir sind Nachfolger Jesu, Jünger Jesu! Sie wissen, was das Wort »Jünger« auf Englisch heißt? »Disciple«. Das kommt, wie das deutsche Wort »Disziplin«, vom Lateinischen »disciplina« und bedeutet: Zucht, Selbstbeherrschung – eben Disziplin. Ein Jünger ist ein Mensch, der diszipliniert lebt, weil er ein Ziel hat.

> **Disziplin bedeutet: Ich will verhindern, dass alles in meinen Leben so zugeschüttet wird, dass für die Stille kein Raum mehr bleibt.**

Orientieren wir uns an Jesus, dessen Beispiel wir als Christen folgen wollen. Wie lebte er diszipliniert, wie hörte er auf Gott? In unserer heutigen Bibelstelle sehen wir: Zuerst ist er allein mit Gott auf dem Berg. Anschließend hat er Gemeinschaft mit seinen Jüngern. Erst dann ist er bereit zum Dienst. Erkennen Sie die innere Ordnung? Allein – gemeinsam – Dienst: Darin besteht das Vorbild unseres Herrn.

Ich will ehrlich sein und nicht vorgeben, dass ich immer so leben würde. Bei mir läuft das oft andersherum: Erst der Dienst, und wenn ich erschöpft bin oder nicht mehr kann, dann die Gemeinschaft, und wenn mir die nicht helfen kann, dann erst wende ich mich an Gott. Das ist das uns so vertraute »Heimwerkerchristentum«. Ich kann alles selbst – vielleicht hilft mir jemand bei den schwierigeren Arbeiten. Den Fachmann bemühe ich nur, wenn es anders nicht mehr geht.

Jesus sieht das radikal anders. Sein Vorbild zeigt: Gemeinschaft, wirkliche christliche Gemeinschaft, entsteht aus der intensiven Nähe zu Gott. Und daraus ergeben sich Kraft und Auftrag für meinen Dienst.

Weil wir das so schnell vergessen, ist in unserem Leben vieles so schwierig. Viele falsche Wege haben hier ihre Ursache. Raum für die Stille – wie schaffen wir das? Gebet bedeutet, auf Gott zu hören. Gebet ist Gehorsam! Hörsam sein! Ich will auf Gott hören, der zu mir redet.

> Gemeinschaft, wirkliche christliche Gemeinschaft, entsteht aus der intensiven Nähe zu Gott.

Aber hören wir ihn überhaupt noch oder hat uns der Lärm der Welt längst taub gemacht? Ich will Sie nicht mit sprachlichen Spitzfindigkeiten langweilen, aber es ist schon interessant: Das lateinische Wort für »taub«, also für den Zustand, wo man nichts hört, lautet »surdus«. Und wenn man absolut taub ist, dann heißt das auf Lateinisch »absurdus«. Das kennen wir doch irgendwoher ..., richtig, von dem uns vertrauten Begriff »absurd«, was in der Umgangssprache so viel bedeutet wie »lächerlich«, »widersinnig«.

Es ist absurd, lächerlich, nicht auf Gott zu hören. Es ist das Dümmste, was wir machen können. Woher sollen wir wissen, wo es langgeht? Worauf kommt es im Leben an? Was wird auf uns zukommen? Fragen, auf die nur Gott eine Antwort kennt. Beten heißt: Ich komme heraus aus meinem absurden Leben, wo ich nichts höre von der Stimme Gottes. Ich höre wieder hin, nehme mir die Zeit, diszipliniere mich.

Also – wollen wir still werden! Wollen wir beten. Wollen wir hören. Versuchen Sie es, gleich jetzt! Schließen Sie die Augen und fangen Sie an. Wenn ich das mache, für eine halbe Stunde vielleicht – kein Radio, kein Fernsehen, kein Buch – was höre ich? Ich will Ihnen ganz ehrlich sagen, was ich nicht höre: die Stimme Gottes. Ich höre stattdessen: »Morgen hat mein Freund

Geburtstag.« – »Ich muss die Bücher noch zur Bücherei zurückbringen.« – »Meine Steuererklärung ist fällig.« – »Soll ich meinen Handyvertrag kündigen oder nicht?« In meinem Inneren geht es zu wie in einem Supermarkt. Getöse und Gedudel an jeder Ecke. In meinem Geist ist ein Chaos – und lichtet sich das Chaos, dann klingelt das Telefon. Es ist erstaunlich, wie wenig wir die eigenen Gedanken und Gefühle kontrollieren können. Sie sind einfach da und texten uns zu.

Beten bedeutet: ganz langsam über diesen Lärm hinwegzugehen und allmählich wieder seine Stimme zu hören. Diese sanfte und so tief gehende Stimme Gottes, die mich »geliebtes Kind« nennt. Vielleicht helfen Ihnen diese besonderen 40 Tage dabei, diese Stimme wieder neu zu entdecken. Still zu werden und nicht bloß die Abwesenheit von Lärm zu erfahren, sondern eine echte Stille, die Gott füllen kann.

> Beten heißt: Ich komme heraus aus meinem absurden Leben, wo ich nichts höre von der Stimme Gottes. Ich höre wieder hin, nehme mir die Zeit, diszipliniere mich.

Nach der Begegnung mit Gott geht Jesus zu seinen Jüngern. Diese Gemeinschaft hat ihre Wurzeln in der eigenen Stillen Zeit mit Gott. Jesus kommt aus dem Raum der Stille und wählt seine Jünger. Und dann, aus der Gemeinschaft mit den Seinen, fängt er an, den Menschen zu dienen.

Von Jesus will ich lernen, als sein Jünger, mit Disziplin. Wo ich kann, will ich verhindern, dass alles in meinem Leben so zugeschüttet wird, dass für die Stille kein Raum mehr bleibt. Ich will bereit sein, ihn zu hören. (KGP)

Stille praktisch:

 *Gönnen Sie sich ein paar Momente besonderer Stille. Suchen Sie sich einen Platz, der Ihnen einige ruhige Minuten verheißt, und dann sagen Sie es, ruhig ein paar Mal hintereinander: »Vater im Himmel, danke, dass du nie aufgehört hast, zu mir zu reden. Danke für diesen Moment in deiner Nähe. Danke, dass ich dein geliebtes Kind bin.«*

Der Gedanke des Tages:

»Beten heißt nicht: sich selbst reden hören. Beten heißt: Stillewerden und Stillesein und Hören, bis der Betende Gott hört.«
(Sören Kierkegaard)

Jesus hielt sich an einem bestimmten Ort auf und betete. Als er sein Gebet unterbrach, sagte einer seiner Gefährten zu ihm: »Herr, unterweise uns darin, wie wir beten sollen, so wie Johannes seinen Schülern ja auch gezeigt hat, wie sie beten sollen.« Da sagte er zu ihnen: »Wenn ihr betet, dann sprecht: Vater, dein Name soll stets geehrt werden! Deine gute Herrschaft soll sich ausbreiten. Unsere Nahrung, die wir zum Leben brauchen, gib uns bitte jeden Tag. Und nimm fort von uns unsere Verfehlungen! Und auch wir werden denen vergeben, die uns gegenüber Schuld auf sich geladen haben. Und lass uns nicht in Lebenslagen geraten, in denen Prüfungen überhandnehmen!«
    Lukas 11,1-4 (DBU)

Wie wir beten können

Kürzlich las ich folgenden Witz: Ein Busfahrer und ein Pfarrer kommen ans Himmelstor. Der Busfahrer kommt in den Himmel, der Pfarrer in die Hölle. Entsetzt beschwert sich der Pfarrer: »Ich habe jeden Sonntag für die Leute gepredigt und nun komme ich in die Hölle! Dieser Busfahrer kommt in den Himmel! Was soll denn das?« Gottes Antwort: »Das ist ganz einfach: Wenn du gepredigt hast, haben alle Kirchengänger geschlafen. Wenn der Busfahrer gefahren ist, haben alle, die im Bus waren, angefangen zu beten!«

Wie können wir beten? Wann fangen wir an, zu beten? Diese Fragen haben wir uns gestern schon kurz gestellt. Die Jünger, die Schüler Jesu, waren Tag und Nacht mit ihm unterwegs. Sie hatten sich entschieden, bei ihm zu sein und so viel wie möglich von ihm zu lernen. So konnten sie nicht nur seine Worte hören, sie durften auch sein alltägliches Leben mit ihm teilen. Und sie konnten beobachten, ob er das tat, was er andere lehrte.

In der damaligen Zeit folgten die lernwilligen und geistlich interessierten Männer häufig einem religiösen Lehrer oder einer bestimmten religiösen Schule. Bevor Jesus öffentlich aktiv wurde, war Johannes der Täufer schon landesweit bekannt und hatte solche Schüler um sich geschart. Die Botschaft des Johannes war Umkehr. Menschen ließen von ihren Sünden ab, ließen sich von ihm taufen und wandten sich wieder hin zu Gott.

Anscheinend hatte Johannes seinen Nachfolgern eine besondere Art des Betens mit auf den Weg gegeben. In der obigen Bibelstelle geht es um die Jünger Jesu, die Kontakt zu den Jüngern von Johannes hatten und nun begierig sind, von ihrem Herrn zu lernen, wie sie beten sollen. Sie hatten ihm beim Beten zugesehen und wollten jetzt wissen, wie er betete und wie sie selbst seinem Vorbild am besten folgen konnten.

> Die Jünger, die Schüler Jesu, waren Tag und Nacht mit ihm unterwegs. Sie hatten sich entschieden, bei ihm zu sein und so viel wie möglich von ihm zu lernen.

Vor einigen Jahren hatten wir in unserem Gottesdienst den mittlerweile verstorbenen Bischof unserer Landeskirche, Bischof Dr. Christian Zippert, zu Gast. Als er die mit jungen Leuten gut gefüllte mittelalterliche Kirche sah, erinnerte er sich an seine eigene Jugend. Er erzählte uns in seiner Predigt, dass er seine betende Großmutter immer in Erinnerung behalten hatte und dass er bei ihr gesehen hatte, wie wichtig Gebet ist.

Vielleicht haben auch Sie eine betende Großmutter gehabt. Vielleicht haben Sie das Beten von Ihren Eltern gelernt. Vielleicht haben Sie aber auch erst als Jugendlicher oder als Erwachsener damit begonnen. Egal wie das Beten bei Ihnen angefangen hat und wie es heute bei Ihnen damit aussieht, es darf und muss nicht in diesem Stadium stehen bleiben. Wir können immer noch mehr über das Gebet lernen. Manche Menschen beschränken ihr Gespräch mit Gott auf Hilferufe in schwierigen oder gefährlichen Situationen. Wenn wir nur dann mit Gott reden, wenn wir in Problemen stecken, ist das zu wenig. Gott will täglich zu uns sprechen. Er möchte, dass wir still werden, ruhig werden, auf ihn hören und mit ihm sprechen. Er ist an einer Beziehung interessiert, nicht an religiösen Übungen unsererseits. Das kommt auch in dem Gebet heraus, das Jesus seine Jünger und damit auch uns gelehrt hat. Es beginnt nämlich mit der Klärung unserer Beziehung zu Gott. Er ist unser Vater im Himmel. Das heißt im Umkehrschluss: Wir sind Kinder Gottes. Gott ist nicht weit entfernt von uns, sondern er ist uns so nah, wie ein Vater seinem Kind. (EW)

> **Wenn wir nur dann mit Gott reden, wenn wir in Problemen stecken, ist das zu wenig. Gott will täglich zu uns sprechen.**

Stille praktisch:

Nehmen Sie sich heute Zeit, dieses Gebet zu Ihrem eigenen Gebet zu machen. Wir sprechen es in der Gemeinde oft im Chor und deshalb neigen wir auch dazu, es ein wenig herunterzurasseln.

Aber es steckt so viel darin! Es ist nicht nur die Grundanweisung für Gebet, die Jesus seinen Jüngern gibt, es ist auch ein Leitfaden, wie man für die verschiedensten Bereiche des Lebens beten kann. Fangen Sie an, indem Sie sich heute ein paar Fragen stellen. Hier einige Anregungen dazu:

- *Unser Vater im Himmel: Was bedeutet es für mein Leben, dass Gott mein Vater ist?*
- *Geheiligt werde dein Name: Welcher Name Gottes, also welche seiner Eigenschaften, spricht mich besonders an? Der treue Gott? Der gute Hirte? Der gerechte Gott? Der ...*

- *Dein Reich komme: Wo will Gott in meinem Leben heute sein Reich bauen?*
- *Dein Wille geschehe: Bin ich heute bereit, das zu tun, was Gott mir sagt?*
- *Wie im Himmel so auf Erden: Wo kommt die Wirklichkeit Gottes in mein Leben hinein?*
- *Unser tägliches Brot gib uns heute: Vertraue ich Gott, dass er mir gibt, was ich brauche?*
- *Und vergib uns unsere Schuld: Fällt mir spontan etwas ein, das ich mit Gott klären müsste?*
- *Wie auch wir vergeben unsern Schuldigern: Gegen wen habe ich innerlich noch eine Schuldliste offen?*
- *Sondern erlöse uns von dem Bösen: Wo fühle ich mich gefangen und brauche Befreiung?*
- *Denn dein ist das Reich und die Kraft ...: Was bedeutet Gott mir? Wofür will ich ihn loben, ihm danken?*

Viele Fragen, die unser Leben betreffen. Nehmen Sie sich ein Blatt Papier und fangen Sie mit der Frage an, an der Ihr Herz hängen bleibt. »Der Nutzen des Gebets ist so groß, dass niemand ihn auszureden vermag, denn was das Herz für den lebendigen Menschen, das ist für die Seele das Gebet, was dem Müden die Ruhe, dem Trauernden die Freude, dem Dürftigen das Gold, dem Schwachen die Kraft, dem Krieger die Muskete, dem Leben Atem und Blut – das ist der betrübten Seele das Gebet. Was die Sonne am Himmel ist, das ist das Gebet einem Christenmenschen.«
  Johann Gerhardt

Der Gedanke des Tages:

»Gebet heißt: Gott genießen.«
(Mike Yaconelli)

*Sie kamen zu einem Olivenhain, der Gethsemane heißt, und Jesus
sagte: »Setzt euch hierher, bis ich gebetet habe.« Petrus, Jakobus
und Johannes aber nahm er mit. Schreckliche Furcht und Angst
ergriffen ihn und er sagte zu ihnen: »Meine Seele ist zu Tode be-
trübt. Bleibt hier und wacht mit mir.« Er ging ein Stück weiter und
warf sich zu Boden. Dann betete er darum, dass das Schreckliche,
das ihn erwartete, wenn es möglich wäre, an ihm vorübergehe.
»Abba, Vater«, sagte er, »dir ist alles möglich. Lass diesen Leidenskelch an mir vorübergehen. Doch dein Wille geschehe, nicht
meiner.«*

Markus 14,32-36 (NLB)

Ja zu Gottes Weg

Es ist die bewegende Geschichte eines Koreaveterans: Walt
Kowalski ist ein knurriger alter Haudegen, der isoliert in
seinem Haus sitzt, sein Bier trinkt und seine Zigaretten raucht.
Mit seinen Söhnen versteht er sich nicht und seine chinesische
Nachbarschaft ist ihm suspekt. Doch dann zwingt ihn ein böses
Ereignis, Stellung zu beziehen. Er ergreift Partei für seine Nachbarn und gerät in einen Strudel von Gewalt und Vergeltung.
Als ihm klar wird, dass nur ein außergewöhnliches Ereignis die
Katastrophe aufhalten kann, fasst er einen folgenschweren Entschluss. Ein letztes Gespräch mit dem katholischen Geistlichen,
ein stilles Gebet, und dann stellt er sich der Bande, die den Stadtteil terrorisiert. Er steht vor ihrem Haus, steckt sich eine Zigaret-
te in den Mund, greift in seine Jacke – und stirbt im Kugelhagel
der Gangmitglieder. Als er zu Boden sinkt, sieht man in seiner
Hand ein Feuerzeug, keine Waffe. Die Bande wird verhaftet, die
Familie, der ganze Stadtteil, hat endlich Frieden. Walt Kowalski

ist gestorben, damit seine Nachbarn leben können. Gran Torino heißt der Film, der die letzte großartige Regie- und Schauspielleistung des 78-jährigen Clint Eastwood ist.

Es ist nicht leicht zu beschreiben, was vor so vielen Jahren in einem Garten in Jerusalem tatsächlich passiert ist. Der Vergleich mit dem Film hilft ein wenig, aber uns fehlen dennoch die Worte, um angemessen zu würdigen, was in Gethsemane geschah. Es war für Jesus die schwierigste Entscheidung seines Lebens, der Augenblick, an dem sich unser aller Schicksal entschied. Alles konzentrierte sich auf diesen Abend; seine Geschichte und unsere Geschichte trafen sich hier. Einen Tag später starb er am Kreuz, schaffte das Unmögliche und rettete mit seinem Leben die ganze Welt.

> Aus der Stille heraus fand er schließlich sein vorbehaltloses Ja zu Gottes Weg und wurde damit unser Heiland, unser Retter.

Jesus suchte die Stille, die Nähe des Vaters, um zu einem Entschluss zu kommen. In dieser für ihn alles entscheidenden Stunde betete er in tiefster Verzweiflung: »Abba, Vater, dir ist alles möglich. Lass diesen Leidenskelch an mir vorübergehen. Doch dein Wille geschehe, nicht meiner.« Aus der Stille heraus fand er schließlich sein vorbehaltloses Ja zu Gottes Weg und wurde damit unser Heiland, unser Retter. Sein Gehorsam kostete ihn sein Leben und rettete das unsere. Nur so konnte Gottes guter Plan für sein Leben in Erfüllung gehen.

Woher wollen wir wissen, was unser Weg ist? Wie reagieren wir in den guten Zeiten unseres Lebens, wie in den schlechten auf die alltäglichen Herausforderungen und die grundlegenden Anfragen an unsere Bereitschaft, Gott zu gehorchen?

So oft beklagen wir falsche Entscheidungen, erinnern uns mit unguten Gefühlen an Augenblicke in unserem Leben, wo wir die falsche Wahl getroffen haben. Zu schnell, zu oberflächlich, zu wenig in der Stille vorbereitet waren viele unserer Wege. Wie wollen wir hören, wie gehorchen, wenn wir Gott nicht suchen, nicht mit ihm reden? Von Jesus lesen wir in den Evangelien immer wieder, dass er die Nähe des Vaters suchte, mal die ganze Nacht, dann am frühen Morgen und auch am Abend, nach einem langen Tag.

Wir werden die guten wie die bösen Abschnitte unseres Lebens nur angemessen bewältigen, wenn wir die Verbindung mit dem Vater nicht vernachlässigen. Wir werden unsere Berufung verfehlen, wenn wir nicht immer wieder neu in das Gebet einstimmen: »Doch dein Wille geschehe, nicht meiner.«

Erinnern Sie sich an Josef, diesen Mann des Glaubens aus dem Alten Testament? Als es so einfach gewesen wäre, der Verführung durch die Frau seines Arbeitgebers nachzugeben, widerstand Josef mit dem Bekenntnis: *»Wie sollte ich denn ein so großes Übel tun und gegen Gott sündigen?«* *(1. Mose 39,9; LUT).* Sein Gehorsam kam aus der Stille, aus der engen Verbindung mit seinem Gott. Gehorchen kann nur, wer hinhört.

> Immer stärker habe ich den Eindruck, dass mein Problem nicht der Himmel ist, der schweigt, sondern mein lauter Alltag, der den Himmel übertönt.

Erinnern Sie sich an Daniel, den Juden, der in der babylonischen Verbannung Karriere machte und Minister unter dem persischen König Darius wurde? Als er seinem Glauben abschwören sollte, als er den Löwen vorgeworfen wurde und sein Tod beschlossene Sache war, zögerte er nicht einen Augenblick in seiner Treue gegenüber seinem Gott. Sein Geheimnis lag in seinem verborgenen Leben. Aus der Stille entsprang sein Gehorsam, den Gott außergewöhnlich belohnte.

Josef und Daniel sind nur zwei Beispiele, zwei Vorbilder aus alter Zeit, die auf den Einen hinweisen, dessen Gehorsam dem Hören folgte. Als die Schlacht im Garten geschlagen war, als die Stunde gekommen war, trat Jesus Judas, dem Verräter, entgegen und stellte sich den Soldaten, die ihn verhaften wollten. Die

Stunde mit dem Vater hatte die Entscheidung gebracht. Wenig später veränderte sein Schrei »Es ist vollbracht!« die Welt.

Hören und gehorchen – das eine wie das andere wird wesentlich dazu beitragen, ob unser Leben gelingt, ob es in den Bahnen Gottes verläuft, ob wir seinen guten Plan für unser Leben entdecken oder nicht. Immer stärker habe ich den Eindruck, dass mein Problem nicht der Himmel ist, der schweigt, sondern mein lauter Alltag, der den Himmel übertönt.

Diese besondere Zeit der 40 Tage soll Ihnen helfen, die Stille neu zu entdecken, sie bewusster zu suchen. Beginnen Sie jetzt damit. (KGP)

Stille praktisch:

 *Seit vielen Jahren schreibe ich mir Gedanken, anstehende Entscheidungen, Gebete, Erlebnisse, Fragen, Träume und Wünsche in ein Gebetstagebuch – nicht ausführlich, nur in Stichworten.*

Ich bin kein ausgesprochener Tagebuchschreiber, aber es hilft mir ein wenig, Gottes guten Weg für mein Leben zu entdecken. Im Nachhinein staune ich dann oft über seine Antworten, über seine Führung.

Vielleicht hilft Ihnen eine solche Übung, bewusster nach Gottes Willen für Ihr Leben zu fragen. Fangen Sie einfach damit an. Ein kleines Tagebuch, eine erste Notiz, die an diesem Tag die Überschrift trägt: »Doch dein Wille geschehe, nicht meiner.«

Der Gedanke des Tages:

Jesus spricht: »Doch dein Wille geschehe, nicht meiner.«
(Markus 14,36; NLB)

*Als es dann schon spät geworden war, kamen seine Schüler zu
Jesus und sagten: »Wir sind hier an einem unbewohnten Ort und
es ist schon spät! Lass die Menschen nach Hause gehen, damit
sie auf dem Weg auf den Bauernhöfen und in den Dörfern in der
Umgebung für sich etwas zu essen kaufen können!«*

*Doch Jesus erwiderte: »Gebt ihr ihnen zu essen!« Da fragten
sie: »Sollen wir losgehen und für zweihundert Denar Brot für sie
kaufen?«*

*Jesus fragte sie: »Wie viele Brote habt ihr? Geht los und schaut
nach!« Als sie es herausgefunden hatten, sagten sie: »Es sind fünf
und dazu noch zwei Fische.«*

*Da gab er ihnen die Anweisung, dass sie sich alle in überschau-
baren Gruppen auf das grüne Gras setzen sollten. Da setzten sie
sich in Gruppen hin zu je hundert oder fünfzig. Dann nahm Jesus
die fünf Brote und zwei Fische in die Hand, richtete seinen Blick
zum Himmel und sprach das Dankgebet. Dann brach er die Brote
in Stücke und gab sie seinen Schülern. Die sollten sie unter den
Leuten verteilen. Auch die Fische teilte er unter allen auf. Alle
aßen und wurden satt!*

*Dann sammelten sie noch die Brotstücke ein, zwölf Körbe voll,
und auch das, was von den Fischen übrig geblieben war. Es waren
fünftausend Männer, die dort aßen.*

Markus 6,35-44 (DBU)

Stille Wunder

D ie Jünger sind in einer schwierigen Situation. Es sind viele
Menschen da, aber es gibt kein Essen. Mehr als fünftausend
Menschen sind um Jesus versammelt, es ist spät und alle sind

hungrig. Wie sollen sie diese Leute satt bekommen? Sie haben gerade mal fünf Brote und zwei Fische. Wie soll das für alle reichen?

Wie geht Jesus mit dieser Notlage um? Er informiert sich zunächst und verschafft sich einen Überblick. Dann wendet er sich direkt an seinen Vater im Himmel. Ein Blick zum Himmel, eine kurze Kontaktaufnahme, und das Problem löst sich in Luft auf. Unglaublich! Jesus schafft es, mit fünf Broten und zwei Fischen die große Menge Menschen nicht nur satt zu bekommen, sondern es bleiben sogar noch viele Reste übrig!

> Jesus war ständig in Kontakt mit Gott. Deshalb bewirkten ein Blick zum Vater im Himmel und ein Dankgebet das große Wunder: Das Essen reichte.

Jesus hatte Vertrauen in seinen Vater im Himmel, auch in diesen irdischen Dingen. Da, wo wir Menschen an die Naturgesetze gebunden sind und unsere Grenzen von Raum und Zeit erreichen, ist Gott größer. Jesus war ständig in Kontakt mit Gott. Deshalb bewirkten ein Blick zum Vater im Himmel und ein Dankgebet das große Wunder: Das Essen reichte.

Wie oft geschieht es in unserem Leben, dass wir an unsere Grenzen kommen? Menschen brauchen unsere Hilfe, aber wir haben kaum genug für uns selbst. Wohin wenden wir dann den Blick?

Georg Müller könnte uns vielleicht erzählen, wie er das erlebt hat. Der 1805 geborene Deutsche ging als junger Missionar nach England. Dort lernte er die Not der Waisenkinder kennen und ließ sein Herz berühren. Er eröffnete ein Waisenhaus. Täglich betete er darum, dass Gott ihn mit allem versorgte, was er brauchte. Am Ende seines Lebens waren es etwa 10 000 Kinder, die in seinen Einrichtungen Heimat gefunden hatten. Niemals bat er Menschen um Geld. Er betete und bekam, was er brauchte. Er folgte dem Beispiel Jesu und verließ sich ganz auf das übernatürliche Wirken Gottes. Das war sein persönlicher Weg mit Gott.

Die spezielle Situation Georg Müllers ist wahrscheinlich weit von unserem Alltag entfernt. Dennoch können auch wir es lernen, unseren Blick auf den Vater im Himmel zu richten, wenn wir mit unserem Können, unserer Weisheit am Ende sind. Er wird für uns sorgen. Er kennt die Situation und hilft uns. Unsere menschliche Wirklichkeit und Gottes Wirklichkeit überschneiden sich. Solche Momente nennt man Wunder.

Die ökumenische Kommunität »Offensive Junger Christen« in Reichelsheim, Odenwald, hat einmal ein solches Versorgungswunder erlebt. Sie hatten größere finanzielle Engpässe und in der Gemeinschaft waren alle Vorräte aufgebraucht. Sie beteten intensiv um Gottes Hilfe. Ein junger Mitarbeiter sollte an diesem Tag einen alten Schrank zum Müll geben, der ihnen geschenkt worden war. Er zerlegte den Schrank in seine Einzelteile. Und siehe da: Er fand einen Goldschatz, sorgsam zwischen Brettern versteckt. Gott hatte die Gebete der Gemeinschaft erhört. Das Wunder war geschehen. Die Kommunität war wieder versorgt, das Leben der Gemeinschaft konnte weitergehen.

> Unsere menschliche Wirklichkeit und Gottes Wirklichkeit überschneiden sich. Solche Momente nennt man Wunder.

Vielleicht haben auch Sie materielle Nöte. Vielleicht sehen Sie voraus, dass ein finanzieller Engpass auf Sie zukommt. Vielleicht haben Sie Sorge, dass Ihre Kraft nicht reicht, dass Ihre Zeit zu knapp ist, dass Ihre Energie sich dem Ende zuneigt. Machen Sie es heute wie Jesus: Bleiben Sie mit Gott in Kontakt und vertrauen Sie ihm. Ein Blick zum Vater im Himmel und Dank für das, was man in Händen hat, genügen.

Das Wunder geschieht, wenn wir danken für das, was wir haben, und Gott vertrauen, dass er uns mit dem versorgt, was wir brauchen. (EW)

Stille praktisch:

Denken Sie heute an die Dinge, die Sie besitzen. Was davon könnten Sie mit anderen teilen? Wofür sind Sie dankbar?

Schauen Sie nicht auf die Umstände, schauen Sie auf Jesus. Schauen Sie in sein liebevolles Gesicht. Schauen Sie in seine Augen. Und erwarten Sie, dass er ein Wunder tun kann. Auch durch Sie.

Wenn Sie das Herzensgebet heute noch einmal probieren möchten, beten Sie beim Einatmen: »Was mir gehört«, und beim Ausatmen: »kommt von dir!«

Der Gedanke des Tages:

*Keiner, der mit Gott reden will,
muss sich erst die Finger wund wählen, um
endlich einen Anschluss zu finden.
Beten: Ein Gedanke ... schon steht die Verbindung.*

*Keiner, der mit Gott reden will,
muss davor Angst haben, dass Gott gerade nicht erreichbar ist.
Beten: Ein Hilferuf ... und er ist dir nah.
Werner Hoffmann
(aus: Hotline, Kawohl Verlag, 1996)*

Auf ihrem Weg nach Jerusalem kamen Jesus und die Jünger auch in ein Dorf, in dem eine Frau mit Namen Marta sie in ihr Haus einlud. Ihre Schwester Maria saß Jesus zu Füßen und hörte ihm aufmerksam zu. Marta dagegen mühte sich mit der Bewirtung der Gäste. Sie kam zu Jesus und sagte: »Herr, ist es nicht ungerecht, dass meine Schwester hier sitzt, während ich die ganze Arbeit tue? Sag ihr, sie soll kommen und mir helfen.« Doch der Herr sagte zu ihr: »Meine liebe Marta, du sorgst dich um so viele Kleinigkeiten! Im Grunde ist doch nur eines wirklich wichtig. Maria hat erkannt, was das ist – und ich werde es ihr nicht nehmen.«
Lukas 10,38-42 (NLB)

Gott hören – an allen Orten, zu jeder Zeit

Die 40 Tage der Stille laden uns zu dem ein, der uns wirklich guttut. 40 Tage dem begegnen, der alle Sehnsucht stillt. Die erste Woche ist fast vorbei und ich wünsche Ihnen von Herzen, dass Sie Lust auf mehr bekommen haben. Jesus ist da und er will uns mit seiner Nähe beschenken, auch an diesem Tag und vielleicht mit der Geschichte, die wir gerade gelesen haben.

Jesus ist mit seinen Jüngern unterwegs. Sie kommen in das Haus der Maria und Marta, und jede Hausfrau kann sich vorstellen, was das bedeutet: dreizehn Männer, müde, hungrig und durstig nach einem anstrengenden Tag – die reinste Heimsuchung. Marta macht sich sofort an die Arbeit. Schmeißt den Ofen an, kocht, backt und rotiert. Das ist gut so. So machen wir das alle. Wer von uns kann sich den Notwendigkeiten des Alltags entziehen, wenn er Menschen hat, für die er verantwortlich ist?

Maria ist davon seltsam unberührt. Sie hat sich Jesus zu Füßen gesetzt, hört ihm zu und lässt Haushalt Haushalt sein! Am liebsten würde ich sie in die Seite stoßen und sagen: »Maria, beweg dich, die Jungs haben Hunger!«

Mal ehrlich, das ist doch ein starkes Stück! Marta schindet sich und tut alles, damit die Brüder etwas zu essen bekommen, und ihre Schwester macht Stille Zeit. Bei allem Respekt ... Irgendwann platzt Marta der Kragen und sie sagt zu Jesus: »Herr, siehst du nicht, dass meine Schwester mir gar nicht hilft? Sie überlässt mir die ganze Arbeit. Kannst du ihr nicht sagen, dass auch sie etwas tun soll?« Marta hat die Nase voll! Viele von uns auch. Vielen von uns reicht es. Viele können nicht mehr, halten den Druck nicht mehr aus.

> Wer von uns kann sich den Notwendigkeiten des Alltags entziehen, wenn er Menschen hat, für die er verantwortlich ist?

Vor mir sitzt der Mitarbeiter einer Kirchengemeinde und packt aus. Dann fängt er an zu weinen und will gar nicht mehr aufhören. Er kann nicht mehr.

Ich rede mit einem Mann, Anfang 60. Er hat sein Unternehmen verkaufen müssen und ist dabei über den Tisch gezogen worden. Auch er, der so stark und sicher im Auftreten ist, kann seine Tränen nicht verbergen. Er kann nicht loslassen. Die Sache verfolgt ihn bis in seine Träume.

Marta redet mit Jesus. Sie ist nicht gut drauf. Sie verliert die Beherrschung und versucht erst gar nicht, dem Gast heile Familienverhältnisse vorzuspielen. Ihr geht die Situation unheimlich auf den Keks! Ganz ehrlich: Sie hat meine Sympathie. Alles hat seine Zeit und jetzt ist nicht die Zeit für eine Bibelstunde. Jetzt wird gearbeitet und dann sehen wir weiter.

Jesus scheint das anders zu sehen. Seine Antwort verunsichert, stellt Martas Denkweise infrage und rückt die Prioritäten gerade. »Marta, Marta, du machst dir viele Sorgen und mühst dich um Dinge, die im Grunde nicht so wichtig sind. Wichtig ist nur eins!« Was ist wichtig? Was tut uns gut?

Um Missverständnissen vorzubeugen: Das ist kein Bibeltext, der notorischen Drückebergern biblische Entlastung erteilt. An anderer Stelle macht Jesus sehr deutlich, was er von den Frommen hält, die ihre Reden schwingen, die Augen schließen und die Not dabei übersehen. Mit denen geht er hart ins Gericht.

Aber die Situation im Haus der beiden Schwestern ist eine andere. Jesus will einer überaus fleißigen und umsichtigen Hausfrau den Blick für das Wesentliche öffnen. Auch bei uns will er das immer wieder tun. Alles hat seine Zeit, der Alltag fordert uns. Eine Notwendigkeit jagt die nächste. Und plötzlich bekommen wir Besuch. Unangemeldet steht Jesus vor der Tür. Vielleicht durch einen Anruf, der uns innehalten lässt. Vielleicht durch den Besuch eines unverhofften Gastes, auf den wir gar nicht eingestellt waren. Vielleicht durch eine plötzliche Erkrankung, die wir uns nicht gewünscht haben. Es sind Momente, in denen der Geist Gottes zu uns reden will. Lassen wir das zu?

> **Marta redet mit Jesus. Sie ist nicht gut drauf. Sie verliert die Beherrschung und versucht erst gar nicht, dem Gast heile Familienverhältnisse vorzuspielen.**

So oft nicht. Wir haben tausend Gründe, die es unmöglich machen, innezuhalten. Wir schlagen alle Warnungen in den Wind und begründen unsere Ruhelosigkeit mit einer endlosen Liste von Sachzwängen.

Heinrich Kemner schreibt in seiner Autobiografie: »Es ist eine merkwürdige Sache, die ich bei mir selbst beobachten kann: Je erholungsbedürftiger man ist, desto hektischer und nervöser wird man. Ja, man bildet sich ein, unentbehrlich zu sein. Wenn man diese Selbsttäuschung nicht durchschaut, wird man erst wach, wenn das Unglück da ist; wenn eigenwillige Entscheidungen gefällt werden, der Herzinfarkt kommt und der Todesengel vor der Tür steht.«

Marta hatte das Herz am rechten Fleck. Ihre Umsicht ehrt sie. Doch was offensichtlich ihre Stärke ist, wird ihr in dieser besonderen Stunde zur Schwäche. Sie erkannte nicht, was dran ist. Jesus wollte mit ihr reden, und sie hatte keine Zeit.

Jesus will mit Ihnen reden – an allen Orten, zu jeder Zeit. Im gewohnten Raster unseres Tagesablaufs, dann wieder ganz überraschend. Nehmen Sie sich Zeit für ihn. Hören Sie zu. Gordon MacDonald schreibt: »Wenn wir das Leben der Heiligen betrachten, fällt auf, dass sie viel Zeit für Muße hatten und gleichzeitig ungemein wirksam waren. Ihre Heiligkeit lag in ihrer Angewohnheit, auch die kleinsten Handlungen vor Gott zu bringen.«

> **Wir schlagen alle Warnungen in den Wind und begründen unsere Ruhelosigkeit mit einer endlosen Liste von Sachzwängen.**

Es ist ein paar Monate her. Ich saß in der Straßenbahn, nach einer langen Sitzung ziemlich frustriert und ärgerlich. Es war überhaupt nicht so gelaufen, wie ich mir das vorgestellt hatte. An der nächsten Haltestelle stieg eine Mutter mit ihrem kleinen Kind ein. Das Gesicht des Kleinen sah fürchterlich aus. Offensichtlich litt er unter einer schweren Hautkrankheit. Die Frau setzte sich neben mich, den Jungen auf dem Schoß. Mir kamen die Tränen. Es war, als würde Jesus mir den Kleinen zeigen und sagen: »Klaus, was ist wichtig? Was ist jetzt dran?« Ich habe gebetet, den Jungen und die Mutter gesegnet und nachher überraschend festgestellt: Jesus ist Straßenbahn gefahren und es war gut, dass ich das bemerkt habe. (KGP)

Stille praktisch:

Rechnen Sie an diesem Tag damit, Je-
sus zu begegnen. Wenn Sie es kennen,
dann singen Sie das Lied: »Herr, öffne
du mir die Augen, Herr, öffne du mir das
Herz – ich will dich sehen, ich will dich
sehen.«

Verpassen Sie ihn nicht. Sie werden staunen, wo und wann er überall mit Ihnen redet.

Der Gedanke des Tages:

»Stellen wir Christus in unser Inneres: in all unser
Sinnen und Trachten, in all unsere Handlungen.«
(Marcel Callo)

»Wenn wir uns in die Stille und Einsamkeit zurückziehen,
legen wir unser Amt als Chef des Universums nieder.«

Richard Foster

Lichtblicke im Alltag

Gott in der Stille begegnen

Mose aber sprach zu ihm: »Wenn nicht dein Angesicht vorangeht, so führe uns nicht von hier hinauf. Denn woran soll erkannt werden, dass ich und dein Volk vor deinen Augen Gnade gefunden haben, wenn nicht daran, dass du mit uns gehst, sodass ich und dein Volk erhoben werden vor allen Völkern, die auf dem Erdboden sind?« Der HERR sprach zu Mose: »Auch das, was du jetzt gesagt hast, will ich tun; denn du hast Gnade vor meinen Augen gefunden, und ich kenne dich mit Namen.« Und Mose sprach: »Lass mich deine Herrlichkeit sehen!«

2. Mose 33,15-18 (LUT)

Lass mich deine Herrlichkeit sehen!

Als wenn das alles so einfach wäre ... 40 Tage Gott erleben, still werden – schön, wer dafür Zeit hat. Für die meisten von uns geht der Alltag ungebremst weiter. Richtig, heute ist Sonntag, aber fragen Sie mal die Mutter von zwei Kindern, wie weit die verordnete Ruhe reicht. Oder die Krankenschwester, die schon um sechs Uhr die Frühschicht übernommen hat. Fragen Sie den Busfahrer, der jeden Sonntagmorgen die Linie 51 fährt, oder den Oberarzt auf der Inneren, der nach seinen Patienten sehen muss. Wie und wo kann ich die Nähe Gottes in meinem Alltag erfahren? Und nicht nur am Sonntag, wenn ich die Chance habe, einen Gottesdienst zu besuchen?

Letzte Woche haben wir versucht, uns an Jesu Vorbild zu orientieren. Wir haben gesehen, dass er die Stille, die Zwiesprache mit seinem Vater bewusst gesucht hat, dass sie seinen Alltag durchdrungen hat. In dieser Woche wollen wir uns näher mit Mose beschäftigen und sehen, wie er aus der Stille Kraft geschöpft hat, wie die Begegnung mit Gott seinen Alltag verändert hat.

Mose war ein viel beschäftigter Mann. Oft wusste er nicht, wo ihm der Kopf steht. Gott hatte ihn in schwerer Zeit berufen und ihm die Verantwortung für das Volk Israel übertragen, ohne irgendwelche Sicherheiten. Er sollte die Menschen aus der Gefangenschaft in Ägypten in die Freiheit führen. Jeder Tag konnte zur ultimativen Katastrophe führen.

Wie konnte dieser Mann überleben? Was hat ihn verändert? Als Mose mit Gott reden durfte, äußerte er zum Schluss eine besondere Bitte: Und Mose sprach: *»Lass mich deine Herrlichkeit sehen!«* (2. Mose 33, 18; LUT)

> **Stellen Sie sich einmal vor, dass Gott Ihnen heute, an diesem Tag, in seiner Schönheit begegnen will.**

Kennen Sie das? Momente in unserem Leben, in denen die Schönheit eines Augenblicks so intensiv ist, dass es fast wehtut. Die französische Philosophin Simone Weil hat einmal gesagt, dass es zwei Dinge gibt, die das menschliche Herz durchdringen können: Schönheit und Not. Stellen Sie sich einmal vor, dass Gott Ihnen heute, an diesem Tag, in seiner Schönheit begegnen will. Sie dürfen einen kleinen Blick auf seine Herrlichkeit wagen. Im Alten Testament wird den Kindern Gottes das versprochen:
Deine Augen werden den König sehen in seiner Schönheit; du wirst ein weites Land sehen (Jesaja 33,17; LUT).

Mose wusste, was Gott kann, aber er wusste auch, wozu Menschen fähig sind. Unvergesslich muss der Augenblick gewesen sein, als er vom Berg Sinai zurückkam und das ganze Volk verrücktspielte (siehe 2. Mose 32,1-20). Sie hatten mehr oder weniger alle einen in der Krone und hüpften wie die Blöden um ein goldenes Kalb herum. Können Sie sich vorstellen, wie Mose da empfunden hat? Wie konnte so etwas angehen? Wie konnten sich Menschen so verhalten – Menschen, die doch alle die Wunder Gottes erlebt hatten?

Wissen Sie – das frage ich mich manchmal auch! Wie können Menschen, die vorgeben, Jesus zu kennen, so unversöhnlich sein? Beten wir nicht: »Und vergib uns unsere Schuld, wie auch wir vergeben unseren Schuldigern«? Wie können Christen, die regelmäßig Gottes Wort hören, so wenig hilfsbereit sein? Hat Jesus nicht gesagt: »Wenn jemand dich bittet, mit ihm eine Meile zu gehen, dann gehe zwei mit ihm« (vgl. Matthäus 5,41)? Wie können Kinder Gottes so kritisch über ihre Gemeinde reden? Ist sie nicht das Haus Gottes? Der Leib Christi? Die Braut des Königs? Haben wir nicht Angst, dass Gott einmal ganz anders zu uns spricht, unsere harten Herzen zerbricht? Mose wusste, was Gott kann, und er wusste, wozu Menschen fähig sind, und deshalb hatte er eine einzige Bitte: Herr, lass mich deine Herrlichkeit sehen (vgl. 2. Mose 33,18).

> Mose durfte mit Gott reden und hatte jetzt die Kraft, den Herausforderungen mutig entgegenzutreten.

Wer so betet wie Mose, bei dem verschiebt sich der Brennpunkt vom Ich zu Gott. Es geht weniger um mich und mehr um ihn! Mose betet: »Zeige mir deinen strahlenden Glanz! Zeige mir deine Kraft und Größe, deine Überlegenheit, deine atemberaubende Schönheit. Das Einzige, was ich will, Gott, bitte, lass mich mehr von deiner Herrlichkeit sehen!« Danach war alles anders. Man sah keinen Ärger, keine Erschöpfung, keine Sorge ... Die Leute sahen nur die Herrlichkeit Gottes auf seinem Gesicht: *Als nun Mose vom Berge Sinai herabstieg, hatte er die zwei Tafeln des Gesetzes in seiner Hand und wusste nicht, dass die Haut seines Angesichts glänzte, weil er mit Gott geredet hatte (2. Mose 34,29).* Ein Blick hinter die Kulissen, und alle Not dieser Erde relativiert sich. Mose durfte mit Gott reden und hatte jetzt die Kraft, den Herausforderungen mutig entgegenzutreten.

Was bedeutet das für uns? Was wünschen Sie sich an diesem Sonntag mit Blick auf die neue Woche? Sie dürfen jeden Tag mit Gott reden und er hört Sie. Was möchten Sie? Meine Empfehlung: Machen Sie es wie Mose, bitten Sie Gott: *Lass mich deine Herrlichkeit sehen.*

Max Lucado erzählt in einem seiner Bücher von so einem Blick in Gottes Herrlichkeit: Tyler war sechzehn Jahre alt, als er starb. Er litt an einer tückischen, unheilbaren Krankheit. In seinem kurzen Leben musste er auf so vieles verzichten, was Jungen sonst in seinem Alter tun. Kein Fußballspielen, keine Rollerblades, keine Verabredungen. Aber Tyler lernte Jesus kennen – und das veränderte alles. Fünf Monate vor seinem Tod machte Gott ihm drei Geschenke: Durch die Krankheit war er taub geworden, aber kurz vor seinem Heimgang konnte er plötzlich alles hören, selbst das leiseste Flüstern. So konnten seine Eltern mit ihm über seine letzte Reise reden. Dann hörte er eines Nachts eine Stimme, die ihn bei seinem Namen rief und ihn einlud zu dem großen Fest da oben. Und schließlich wurde er selbst noch zum Gebenden. Als er im Sterben lag, drängte er beharrlich darauf, dass seine Eltern nicht alleine mit ihm waren. Als die Familie schließlich versammelt war, seine Eltern, seine Geschwister, da nahm er von allen flüsternd Abschied, vorläufig. Er deutete auf jeden und beschrieb in Zeichensprache mit seinem Händen, die er vorher nicht mehr hatte bewegen können: »Ich habe dich lieb.« Die Familie bezeugte später einhellig, der Raum sei von einem unerklärlichen Frieden erfüllt gewesen, als Tyler heimging.

Ein Blick in die Herrlichkeit Gottes verändert alles. Wenn unser Alltag von solchen Lichtblicken durchdrungen wird, macht das einen entscheidenden Unterschied. Deshalb will ich heute beten: »Herr, lass mich deine Herrlichkeit sehen.« (KGP)

> **Ein Blick in die Herrlichkeit Gottes verändert alles.**

Stille praktisch:

Heute ist Sonntag – lassen Sie sich überraschen. Gehen Sie eine Runde spazieren und bitten Sie Gott um einen kleinen Eindruck seiner Herrlichkeit.

Der Gedanke des Tages:

»Lass mich deine Herrlichkeit sehen!«
(2. Mose 33,18; LUT)

Er erniedrigte sich selbst und ward gehorsam bis zum Tode, ja zum Tode am Kreuz. Darum hat ihn auch Gott erhöht und hat ihm den Namen gegeben, der über alle Namen ist, dass in dem Namen Jesu sich beugen sollen aller derer Knie, die im Himmel und auf Erden und unter der Erde sind, und alle Zungen bekennen sollen, dass Jesus Christus der Herr ist, zur Ehre Gottes, des Vaters.
Philipper 2,8-11 (LUT)

Gottes Herrlichkeit in meinem Leben

Ein neuer Tag beginnt, ein ganz normaler Tag, oder für Sie ein besonderer? Vielleicht wird es ein Tag, der Ihnen eine neue Begegnung mit Gott schenkt. Was passiert, wenn Sie an diesem Tag ganz überraschend eine leise Ahnung von Gottes Herrlichkeit geschenkt bekommen? Bleiben Sie dran an dieser Bitte. Beten Sie doch dafür, gerade jetzt: »Herr, lass mich an diesem Tag deine Herrlichkeit sehen – ich lasse mich gerne überraschen!«

Gestern haben wir gesehen, wie Mose sich nach dieser Herrlichkeit ausgestreckt hat. Danach war er nicht mehr derselbe! Über viele Jahre, unter unglaublichen Schwierigkeiten, führte er ein ganzes Volk durch die Wüste in ein neues Land.

In der Geschichte Israels gab es immer wieder Momente, in denen die Herrlichkeit Gottes den Tempel durchflutete und kein Priester mehr seinen Dienst verrichten konnte. Es war einfach überwältigend! Der Prophet Hesekiel durfte das erleben. Gott redete zu ihm und dem Mann Gottes blieb nur das ehrfürchtige Schweigen. Danach war sein Leben von neuer Kraft geprägt! Die Engel auf dem Feld vor Bethlehem waren von der Herrlichkeit Gottes umgeben. Das hat die Hirten umgehauen! Ihr Alltag wurde verändert! Und Petrus erlebte die Herrlichkeit Gottes auf dem

Berg der Verklärung. Er wollte dort sofort ein Haus bauen, um Gottes Schönheit für immer nahe sein zu können. Seine Bitte ist zum Sprichwort geworden: »Herr, lass uns hier Hütten bauen!« (vgl. Lukas 9,33). Es gibt noch viele andere Beispiele. Menschen erleben die Herrlichkeit Gottes, werden erfüllt und bekommen neue Kraft und einen neuen Auftrag. Jesus selbst strahlte die Herrlichkeit Gottes aus. Deswegen wollten die Leute gar nicht mehr weg, wenn er zu ihnen redete.

Die Herrlichkeit Gottes gleicht einem Leben spendenden warmen Regen. Trifft er uns, wird alles anders. Wer ihr einmal begegnet ist, wird nie mehr derselbe sein. Es genügt ein kurzer Blick, ein Vorgeschmack, eine Kostprobe – und wir werden die Sehnsucht nicht mehr los.

> **Die Herrlichkeit Gottes gleicht einem Leben spendenden warmen Regen. Trifft er uns, wird alles anders.**

Waren Sie schon einmal an einem schönen Tag in den Alpen, auf der Spitze eines Berges? Vielleicht auf dem Säntis oder auf dem Lauberhorn? Oder auf einem der Berge, die den Vierwaldstätter See umgeben? Manche Leute sagen: »Gott hat die Schweiz an einem Sonntag erschaffen!« Das ist eine Schönheit, die fast wehtut. Wenn Gott dafür verantwortlich ist, wie überwältigend ist dann seine Herrlichkeit. Kein Wunder, dass Mose Gott nicht wirklich sehen konnte. Er hätte es nicht ausgehalten. Ein kleiner Blick reichte: *Mein Angesicht kannst du nicht sehen; denn kein Mensch wird leben, der mich sieht. Und der Herr sprach weiter: Siehe, es ist ein Raum bei mir, da sollst du auf dem Fels stehen. Wenn dann meine Herrlichkeit vorübergeht, will ich dich in die Felskluft stellen und meine Hand über dir halten, bis ich vorübergegangen bin. Dann will ich meine Hand von dir tun und du darfst hinter mir her sehen; aber mein Angesicht kann man nicht sehen (2. Mose 33,20-23).*

»Herrlichkeit Gottes« – was ist das eigentlich? Das Wort »Herrlichkeit« bedeutet eine »große, hohe Ehre«. Die Bibel ist ursprünglich in zwei Sprachen geschrieben worden: Das Alte Testament in Hebräisch und das Neue in Griechisch. Im Hebräischen lautet das Wort für Herrlichkeit »kabod«. Das bedeutet eigentlich »schwer«, »gewichtig« oder auch »wichtig«. Gottes Herrlichkeit ist ein Ausdruck seiner Einzigartigkeit, seiner Wichtigkeit. So betet Mose: *Wer unter den Göttern ist wie du, o HERR? Wer ist so herrlich und heilig wie du? Wessen Taten sind so Ehrfurcht gebietend? Wer vollbringt solche Wunder? (2. Mose 15,11; NLB).*

Im Neuen Testament ist das entsprechende Wort für Herrlichkeit »doxa«. Wenn in der Musik oder in einem Gedicht die Herrlichkeit Gottes beschrieben wird, dann sprechen wir von einer Doxologie. Gottes Herrlichkeit bedeutet auch Überlegenheit! Deshalb verlangt sie höchste Priorität. Das wussten die Menschen in alten Zeiten besser als heute. Unter ihre Kompositionen schrieben sie: *Soli deo Gloria* – allein Gott die Ehre! Ihre Häuser wurden gebaut *anno domini* – im Jahre des Herrn. Über ihren Eingängen konnte man Sprüche lesen wie den, der über unserem Gemeindehaus steht, das vor seiner heutigen Bestimmung ein Bauernhaus war. »Wer Jesum liebt und ihm vertraut, hat hier und ewig wohl gebaut.«

> **Gottes Herrlichkeit ist ein Ausdruck seiner Einzigartigkeit, seiner Wichtigkeit.**

Jede Tat des Himmels verherrlicht Gott. Alles, was Jesus getan hat, hat den Vater verherrlicht. Selbst in seiner letzten Stunde ist das sein höchstes Anliegen: *Vater, verherrliche deinen Namen! Da kam eine Stimme vom Himmel: Ich habe ihn verherrlicht und will ihn abermals verherrlichen (Johannes 12,28; LUT).*

Auch die Apostel verstanden ihren Dienst als Verherrlichung Gottes. Ihm die Ehre zu geben, war ihr höchstes Ziel! Die Alte Kirche hat das viel mehr betont und in ihren Bekenntnissen zum Ausdruck gebracht. Da merkt man, dass es um ihn geht, um den allmächtigen und einzigen Gott! Im Westminster Bekenntnis von 1643 zum Beispiel steht: »Die Bestimmung des Menschen besteht darin, Gott zu verherrlichen und sich in Ewigkeit an ihm zu freuen.«

Die Frage muss erlaubt sein: Warum diese starke Betonung der Herrlichkeit Gottes? Warum legt Gott selbst so viel Wert darauf, dass wir ihn anbeten, ihn ehren? Weil wir sonst das Wichtigste übersehen. Weil wir den einen Moment nicht wahrnehmen, den einzigen Tag in der Weltgeschichte, an dem Gott auf seine Herrlichkeit verzichtet hat. Der Tag, der alles entschieden hat und die Voraussetzung für unsere Rettung geschaffen hat. An diesem Tag war er der Verachtetste unter allen Menschen. Die Leute haben weggeschaut, weil sie seinen Anblick nicht ertragen haben. Sie haben ihn verspottet und angespuckt. In der dunkelsten Stunde der Weltgeschichte hat Gott auf seine Herrlichkeit verzichtet, um uns zu retten. *Er erniedrigte sich selbst und ward gehorsam bis zum Tode, ja zum Tode am Kreuz. Darum hat ihn auch Gott erhöht und hat ihm den Namen gegeben, der über alle Namen ist (Philipper 2,8-9; LUT).* Er verdient es, dass wir ihn verherrlichen. (KGP)

> **In der dunkelsten Stunde der Weltgeschichte hat Gott auf seine Herrlichkeit verzichtet, um uns zu retten.**

Stille praktisch:

Um sich Gottes Herrlichkeit immer wieder bewusst zu machen und ihm dafür zu danken, kann es hilfreich sein, jeden Abend vor dem Schlafengehen einen kurzen Tagesrückblick zu machen.

Gehen Sie Ihren Tag in Gedanken noch einmal durch. Was haben Sie alles erlebt? Was war schön, was weniger? Lassen Sie die Geschehnisse und Begegnungen wie einen inneren Film an sich

vorüberziehen und überlegen Sie, wo Sie Gottes Herrlichkeit er-
ahnt und gespürt haben.

Stellen Sie sich selbst nun zwei Fragen:

Was möchte ich heute loslassen?
Wofür bin ich heute dankbar?

Schließen Sie dann bewusst den Tag und legen Sie ihn in Gottes
Hand zurück.

Der Gedanke des Tages:

»Die Bestimmung des Menschen liegt darin, Gott zu ver-
herrlichen und sich auf ewig an ihm zu freuen.«
(altes christliches Bekenntnis)

Herr, wer unter allen Göttern ist dir gleich? Wer ist wie du, herrlich und heilig? Wer vollbringt so große, furchterregende Taten? Wer tut Wunder – so wie du? Als du deinen rechten Arm ausstrecktest, verschlang die Erde unsere Feinde. Voller Liebe hast du uns geführt, dein Volk, das du gerettet hast! Mit großer Macht hast du uns geleitet bis zu dem heiligen Ort, an dem du wohnst.

2. Mose 15,11-13 (HFA)

Gottes Heiligkeit in meinem Leben

Gerne würde ich Ihnen jetzt meine Mutter vorstellen. Sie hat mich in jungen Jahren das Staunen gelehrt. Wenn wir früher mit der Familie unterwegs waren, auf langen Urlaubsfahrten in den Süden oder zum Wochenende nach Holland oder nur in die Felder am Niederrhein, dann war etwas für sie ganz typisch: Wann immer sie in der Gegend, durch die wir fuhren, etwas Schönes sah – und sie fand immer etwas – sagte sie: »Kinder, schaut doch mal!« Und dann nachdrücklich zu unserem Vater: »Günter, schau doch mal!«

Diese Begeisterung über die Natur muss ich von ihr geerbt haben, nur, dass ich dabei oft eine ganz andere Erfahrung mache. Ich werde still. Die Schönheit der Schöpfung verschlägt mir die Sprache, die Werke Gottes machen mich sprachlos, sprachlos vor Staunen.

So staune ich, wie Gott uns führt und welche Wege er für uns hat. Ich staune, wie er Menschen verändert. Ich staune darüber, wie heilig er ist. Auch Jesaja begegnete dem heiligen Gott und lernte grenzenloses Staunen. Die himmlischen Wesen, die er in seiner Vision sah, riefen: »Heilig, heilig, heilig! Heilig, heilig, heilig ist der Herr Zebaoth!« (vgl. Jesaja 6,3). Keine andere Eigenschaft Gottes wird in der Bibel so hervorgehoben. Mose und die Israeliten sangen nach dem Durchzug durch das Rote Meer das erste Lied, das uns in der Bibel überliefert ist. *Herr, wer unter allen Göttern ist dir gleich? Wer ist wie du, herrlich und heilig? Wer vollbringt so große, furchterregende Taten? Wer tut Wunder – so wie du? (2. Mose 15,11; HFA).* Und das letzte Lied in der Bibel lautet: *Wer sollte dich, Herr, nicht fürchten und deinen Namen nicht preisen? Denn du allein bist heilig! Ja, alle Völker werden kommen und anbeten vor dir, denn deine gerechten Gerichte sind offenbar geworden (Offenbarung 15,4; HFA).*

Neben Gottes Herrlichkeit gibt es also einen weiteren Aspekt des Wesens Gottes: seine Heiligkeit. Das hebräische Wort für heilig ist »kadosch«. Das bedeutet wörtlich »abgetrennt«, »abgesondert«. Heiligkeit bedeutet demnach Anderssein. Gott ist absolut anders, einzigartig. Er ist der Schöpfer, alles andere Schöpfung und grundverschieden. Womit können wir Gott vergleichen? Mit niemandem! *Denn wer im Himmel ist dir gleich? Kein himmlisches Wesen ist so mächtig wie du! (Psalm 89,7; HFA).* Ein Gegenstück für ihn zu suchen, ist vergeblich. Es gibt keine anderen Götter, nur Karikaturen! Manche Menschen haben große Macht und wir vergleichen sie mit anderen großen Menschen. Aber Gott ist Macht! In der Bibel steht, dass die Völker im Vergleich zu ihm wie ein paar Tropfen in einem Wassereimer sind. Die Herrscher dieser Welt sind die Glühwürmchen, Gott ist das Licht!

Ohne Gott können wir Menschen nichts tun. Sein Wissen ist unbegrenzt. Er ist nicht launenhaft, nicht unbesonnen! Die Götter aller Kulturen sind dagegen Lachnummern, von Menschen abhängige Wunschvorstellungen. Sie haben ihre Launen, sind schnell beleidigt und müssen gnädig gestimmt werden. Gott hingegen hält das Universum in seiner Hand. Es trägt seinen

> Die Schönheit der Schöpfung verschlägt mir die Sprache, die Werke Gottes machen mich sprachlos, sprachlos vor Staunen.

Stempel. Er ist die Ordnung hinter allen Naturgesetzen. Kein geringerer als König David fragt verwundert: *Wohin soll ich gehen vor deinem Geist, und wohin soll ich fliehen vor deinem Angesicht? (Psalm 139,7; LUT).*

Ahnen wir, was das für uns bedeutet? Unsere ganze Selbstsicherheit ist im Eimer. Auf tausend Fragen können wir ihm nicht eine Antwort geben. So oft nehmen wir uns etwas vor. Wollen etwas verändern. Was ist aus unseren guten Vorsätzen vom Jahresanfang geworden? Uns ist doch etwas klar geworden und es sollte anders werden, gerade in dieser Woche. Aber wir haben versagt. Wir wollten es nicht, aber es ist wieder passiert. Wir wissen es, haben es so oder ähnlich hundertmal schon gedacht: »Ich habe keine Chance. Mich wundert nur, dass Gott mich nicht längst abgewiesen hat.«

> »Ich habe keine Chance. Mich wundert nur, dass Gott mich nicht längst abgewiesen hat.«

Was macht Gott mit uns? Erinnern Sie sich an Petrus, an diesem einen Morgen, nach Ostern, am See? Er hatte seinen Herrn verraten. Doch dann kam Jesus und stellte ihm nur eine einzige Frage, die er dreimal wiederholte. Dreimal! Der heilige, dreieinige Gott! *Petrus, hast du mich lieb? (vgl. Johannes 21,15-17).*

Mehr will er auch von Ihnen nicht wissen! »Hast du mich lieb?« So fragt er Sie, jetzt und dann morgen wieder, wenn Sie zur Arbeit gehen oder in Ihren Hauskreis. Es sind immer wieder heilige Stunden. Wenn wir Gottes Angesicht in der Stille suchen, wenn uns wirklich daran liegt, ihm zu begegnen, dann beschenkt er uns mit seiner Nähe.

Die Herrlichkeit Gottes verändert unsere Sicht. Es geht nicht mehr nur um uns. Es geht vor allem und zuerst um ihn. Wir werden mehr danken und weniger bitten, mehr anbeten und weniger klagen.

Die Heiligkeit Gottes verändert unsere Nachfolge. Je besser wir ihn kennen, desto mehr staunen wir und desto heiliger leben wir. (KGP)

Stille praktisch:

Ein Tipp zum Staunen: Gerne würde ich  *Ihnen jetzt als Beispiel ein Bild zeigen, aufgenommen mit dem Weltraumteleskop Hubble von der NASA. Es ist eine neue Ansicht der »Helix Nebula«. Dieser Sternennebel ist ca. 450 Lichtjahre von der Erde entfernt. Durch sein besonderes Aussehen, das in dieser Weise nur alle 3000 Jahre zu sehen ist, haben die Wissenschaftler dem Sternbild den Namen »Das Auge Gottes« gegeben. Die kleinen Punkte, die man am Rande des »Auges« sieht, sind jeder für sich etwa doppelt so groß wie unser Sonnensystem. Wer es sich anschauen will – im Internet finden Sie es unter dieser Adresse: http://hubblesite.org/ newscenter/archive/releases/2003/11/image/a*

Der Gedanke des Tages:

»Die Heiligkeit Gottes verändert unsere Nachfolge. Je besser wir ihn kennen, desto mehr staunen wir und desto heiliger leben wir.«
(Klaus-Günter Pache)

Höre, Israel, der HERR ist unser Gott, der HERR allein. Und du sollst den HERRN, deinen Gott, lieb haben von ganzem Herzen, von ganzer Seele und mit all deiner Kraft. Und diese Worte, die ich dir heute gebiete, sollst du zu Herzen nehmen.

5. Mose 6,4-6 (LUT)

Mit allem für den Einen

Also, ich gebe es gerne zu: Ich liebe ein sauberes, aufgeräumtes Auto, ein Auto, auf das ich mich verlassen kann. Aber das bedeutet nicht, dass mein Auto immer sauber und aufgeräumt ist! Und auch nicht, dass es immer funktioniert. Vor einiger Zeit ist mir Folgendes passiert: Seit etwa einem halben Jahr hatte ich bemerkt, dass mein altes Auto Kühlwasser verliert. Die große Inspektion wäre dran gewesen – aber ich habe noch ein wenig gewartet. Im Januar fuhr ich mit meiner Familie zur Beerdigung meines Schwiegervaters. Wir hatten gut 250 Kilometer vor uns. Morgens um 7.30 Uhr ging es los, draußen waren es zehn Grad minus. Nach einer halben Stunde Fahrt leuchtete das rote Licht neben dem Tacho auf. Das noch vorhandene Kühlwasser kochte. Ich musste anhalten, den Wagen abstellen und mit meinen Lieben über die Leitplanke klettern, weg vom Auto, wie immer wieder empfohlen wird. Da standen wir nun, bei minus zehn Grad, im kalten Wind. Der ADAC war nicht zu erreichen, auch VW nicht, und nach einer halben Stunde hatte ich Angst, wir würden erfrieren. Liebe Freunde waren es dann, die uns gerettet haben. Sie haben uns ihr Auto gebracht, sodass wir weiterfahren konnten.

Es ist gut, wenn das, worauf wir angewiesen sind, in Ordnung ist und je wichtiger etwas für uns ist, desto mehr gilt das! Gestern haben wir gesehen, dass Gottes Heiligkeit unsere Nachfolge verändert. Aber wie sieht das im Alltag aus? Mose spricht davon im Auftrag Gottes und fordert uns auf, das Wichtigste nicht zu vergessen: *Und du sollst den HERRN, deinen Gott, lieb haben von ganzem Herzen, von ganzer Seele und mit all deiner Kraft.* Viele hundert Jahre später greift ein anderer Schreiber der Bibel das auf. Paulus schreibt in seinem Brief an die Korinther: *Ihr gehört nicht euch selbst, denn Gott hat einen hohen Preis für euch bezahlt. Deshalb ehrt Gott mit eurem Leib (1. Korinther 6,19-20; NLB).* Wir gehören ihm! In dem Augenblick, in dem wir Christen werden und unser Leben Gott anvertrauen, findet ein Herrschaftswechsel statt. Wir gehören jetzt dem, der uns geschaffen hat und unendlich liebt. Daraus folgt für mich ganz persönlich: Ich kann nicht machen, was ich will! Ich muss auf mich achten, auf die Gesundheit von Leib und Seele.

> In dem Augenblick, in dem wir Christen werden und unser Leben Gott anvertrauen, findet ein Herrschaftswechsel statt.

Was kommt jetzt? Fitnessanweisungen in der Morgenandacht? Nein, zu Ihrer und meiner Fitness sage ich nichts! Wir wissen, wie wir uns ausgewogen ernähren können. Fette vermeiden, genügend Proteine und Vitamine, Entspannung, Wellness – was soll ich Ihnen empfehlen? Ich mache Ihnen jetzt kein schlechtes Gewissen. Sie brauchen keine Kritik! Ich auch nicht! Wie viele Male habe ich versucht, mein Idealgewicht zu erreichen – heute habe ich es, ich bin nur nicht groß genug! Wir haben eine Verantwortung für unseren Körper, ganz bestimmt, aber wir wollen das nicht zu wichtig nehmen. Gott liebt die Dünnen und die Dicken! Wichtiger als ein straffer Po ist ein weiches Herz! Paulus schreibt in 1. Timotheus 4,8 (NLB): *Körperliches Training hat einen gewissen Wert, aber geistliches Training ist noch viel wichtiger, denn es verspricht Gewinn in diesem wie auch im zukünftigen Leben.* Halten Sie Leib und Seele in Ordnung, das ist das Beste! Jesus nachfolgen, das bedeutet: Ich bin mit Leib und Seele dabei. *Du sollst den HERRN, deinen Gott, lieb haben von ganzem Herzen, von ganzer Seele und mit all deiner Kraft.*

Als Paulus das Gebot Gottes auf seine Weise den Leuten in Korinth nahelegte, sprach er ein Problem der ersten Gemeinde an, das uns so vertraut ist. Eigentlich hat sich in 2000 Jahren gar nicht so viel verändert. Die Gemeinde in Korinth hatte ein Problem mit der Sexualität. Es herrschten recht lockere Sitten und die Gemeinde war mittendrin. Wie sollte sie damit fertig werden? Einige hatten eine sympathische Lösung gefunden. Man trennte einfach zwischen Geistlichem und Körperlichem. Das Motto war: »Habt Spaß mit eurem Körper und ehrt Gott mit eurem Geist.« Also: heiße Feten am Samstag und Gottesdienste am Sonntag. Körperlich konnte man machen, was man wollte – die ganze Woche lang. Geistlich gehörte man Gott und wurde am Sonntag versorgt. Da holte man sich die spirituelle Erfahrung ab – und auf ging´s in eine neue Woche.

> „Wem Gott noch nicht als Widerstand begegnet ist, dem ist er überhaupt noch nicht begegnet."

Aber Gottes Wort sagt: *Ihr gehört nicht euch selbst, denn Gott hat einen hohen Preis für euch bezahlt. Deshalb ehrt Gott mit eurem Leib.* Das sind Sätze wie Hämmerschläge! Gegen den Trend, ohne den Versuch, populär und angenehm zu sein. Kein Weichspüler sondern eine harte, heilsame Scheuerbürste. Einer meiner theologischen Lehrer sagte einmal passend dazu: »Wem Gott noch nicht als Widerstand begegnet ist, dem ist er überhaupt noch nicht begegnet.«

Das so attraktive und sinnliche Motto unserer Zeit lautet ebenfalls: »Mein Körper gehört mir und ich kann damit machen, was ich will.« Aber das stimmt nicht! Es stimmt nicht, wenn ich Christ geworden bin.

Jetzt verstehen Sie mich bitte nicht falsch! Gott verbietet uns nicht den Genuss, nicht die Sinnlichkeit, nicht die Sexualität.

Im Gegenteil. Gott hat uns mit Leib, Seele und Geist geschaffen. Gottes Plan mit uns ist immer ein ganzheitlicher. Wir gehören ihm. Das macht es nicht immer leicht, aber es ist das beste Konzept, das wir uns für unser Leben wünschen können. Bitten Sie daher Gott darum, dass Sie ihn an diesem Tag und alle Tage mit Leib und Seele ehren. (KGP)

Stille praktisch:

Verbinden Sie das Nützliche mit dem Notwendigen. Laufen Sie eine große Runde und nutzen Sie die Zeit, um mit Gott zu reden. Vielleicht ist es mal wieder dran, dass Sie ihm sagen, wie sehr Sie ihn lieben und dass es Ihr Wunsch ist, ihn mit Leib und Seele zu ehren. Ich denke, er hört es gerne.

Der Gedanke des Tages:

»Ihr sollt den Herrn, euren Gott, von ganzem Herzen, von ganzer Seele und mit eurer ganzen Kraft lieben.«
(5. Mose 6,5; NLB)

Und wenn du gegessen hast und satt bist, sollst du den HERRN, deinen Gott, loben für das gute Land, das er dir gegeben hat. So hüte dich nun davor, den HERRN, deinen Gott, zu vergessen, sodass du seine Gebote und seine Gesetze und Rechte, die ich dir heute gebiete, nicht hältst. (...) Sondern gedenke an den HERRN, deinen Gott; denn er ist´s, der dir Kräfte gibt, Reichtum zu gewinnen, auf dass er hielte seinen Bund, den er deinen Vätern geschworen hat, so wie es heute ist.
  5. Mose 8,10-11.18 (LUT)

Gott ehren im Alltagstrott

Wir gewöhnen uns an alles, auch an ein gutes Leben. Seit Jahrzehnten leben wir in einem Land, das zu den reichsten auf der Erde gehört. Seit 65 Jahren herrscht Frieden. Das »tägliche Brot« ist für uns eine Selbstverständlichkeit geworden. Wie wichtig ist es da, denjenigen nicht zu vergessen, dem wir alles verdanken. Denn durch den Dank bewahrt man Gottes Gnade im Herzen. Mose wird nicht müde, immer und immer wieder das Volk zu mahnen, nur ja den nicht zu vergessen, der uns das Leben schenkt.

Werden Sie doch gleich einige Momente still und denken Sie darüber nach: Wofür können Sie Gott danken? Wo müssen Sie feststellen, dass Unzufriedenheit und Kritik einen viel zu großen Raum in Ihren Gedanken einnehmen?

Wissen Sie, das ist unsere Aufgabe, jeden Tag: Wir wollen mit unserer Dankbarkeit etwas von Gottes Nähe und Fürsorge sichtbar machen. Mose verkündigt im Auftrag Gottes: *Sondern gedenke an den HERRN, deinen Gott; denn er ist´s, der dir Kräfte gibt ... (Vers 18).*

Woher kommt die Kraft für jeden neuen Tag? Woher kommt Erfolg? Von Gott! Er segnet uns, um für seine Treue zu werben. Gott mutet uns schwere Wege zu, um uns und andere Menschen zu ermutigen, die Hilfe Gottes zu suchen. Gott lässt uns unsere Sünden erkennen, damit wir Jesus groß machen. Gott lässt unsere Arbeit gelingen, um auf seine Gnade aufmerksam zu machen.

Ich werde nie einen Samstagnachmittag vergessen, den ich als Jugendlicher erlebt habe. Mit meinem Vater hatte ich den ganzen Tag im Garten gearbeitet. Dann kam der Augenblick, wo die Glocken der Kirche den Sonntag einläuteten: Samstag, 18.00 Uhr. Da haben wir unsere Spaten in die Erde gestoßen, die Hände gefaltet und Gott gedankt. Wenn ein dankbares Herz unseren Alltag bestimmt, hat das Auswirkungen: auf unsere Freundschaften, auf unsere Erziehung, auf unsere Ehe.

> **Wir wollen mit unserer Dankbarkeit etwas von Gottes Nähe und Fürsorge sichtbar machen.**

Unsere Einstellung zur Arbeit verändert sich, wenn wir Kinder Gottes werden.

Nun ist Dankbarkeit mehr als einige besinnliche Augenblicke. Ganz offensichtlich hängen Dank und Gehorsam irgendwie zusammen. Ich kann nicht Gott danken und gleichzeitig seinen Willen ignorieren. *So hüte dich nun davor, den HERRN, deinen Gott, zu vergessen, sodass du seine Gebote und seine Gesetze und Rechte, die ich dir heute gebiete, nicht hältst (Vers 11).* Dank ist mehr als ein paar Worte, mehr als ein gutes Gefühl. Der Dank Gott gegenüber verändert unser Leben.

Da war so ein hand- und trinkfester Bauarbeiter. Montags kam er oft mit einem Kater auf die Baustelle. Am Freitagnachmittag verschwand er schon mal eine Stunde eher. Wenn er zu seiner Garage gesagt hätte: »Alles geklaute Material raus!«, dann wäre sie eingestürzt. Das alles hatte seinen Preis. Seine Leber war nicht mehr die beste, er hatte Schulden und seine Ehe wackelte. Was passierte, als dieser Mann Jesus kennenlernte? Plötzlich kam er pünktlich zur Arbeit. Jetzt behandelte er seinen Chef mit Respekt. Die Besäufnisse fanden ohne ihn statt. Mit der Zeit veränderte sich alles.

In den schwachen Stunden unserer Nachfolge hätten wir es gerne ein wenig einfacher. Manchmal denke ich: Ich will das alles gar nicht! Meine Zeit einsetzen, mein Geld spenden, immer wieder für die Gemeinde da sein. Ich will das gar nicht! An dieser großen Aufgabe »Mission« beteiligt sein, mir Gedanken machen müssen über »verlorene Leute«. Ich will das gar nicht! Ich will nicht mehr kämpfen, ich will meine Ruhe haben, will Geld verdienen und das Leben genießen, am Sonntag endlich einmal ausschlafen. Ich bete und versuche es einfach mal, ohne es wirklich ernst zu meinen. »Warum lieber Herr, warum um alles in der Welt habe ich dir versprochen, treu zu bleiben und deine Gebote zu halten?« Doch im selben Atemzug weiß ich: Alles will ich, nur eines nicht – ich will nicht ohne ihn leben. Jesus ist mein Herr, die Liebe meines Lebens, mein König. Ihm verdanke ich alles, wirklich alles. Wie sollte ich ihn da nicht ehren?

> Unser Leben soll es den Menschen leicht machen, sich auf Gott einzulassen.

Bleibt eine letzte Frage: Was passiert, wenn wir ihn mit unserem Leben ehren? Was kommt dabei heraus? An dieser Stelle muss ich Ihr Wissen testen. Ich will Ihnen drei Männer vorstellen, die eine beeindruckende Karriere hinter sich haben, bzw. hatten. Wissen Sie, wer Oskar Rosenfelder war? Sagt Ihnen der Name Dr. Oskar Troplowitz etwas? Oder Kurt Heiligenstaedt? Keine Ahnung? Hier kommt die Lösung: Oskar Rosenfelder hatte die Produktidee für Tempotaschentücher. Er hat etwas geschafft, wovon die meisten Werbeagenturen träumen. Ein Produktname wurde zu einem Synonym für einen bestimmten Gegenstand. Alle kennen Tempo, aber wer ist Oskar? Als Nächstes: Dr. Oskar Troplowitz? 1911 hat er den Namen Nivea für eine neue Creme gewählt, die wir heute noch gut kennen. Und Kurt Heiligenstaedt? Er war maßgeblich für den Werbeerfolg von Persil verantwortlich. Wir alle kennen die Produkte, aber wir kennen nicht die Menschen, die für die Popularität dieser Produkte verantwortlich sind. Doch das ist auch nicht nötig. Die beste Empfehlung für eine Werbeagentur ist, dass sie das, was beworben wird, bekannt macht.

Wenn wir Gott ehren, treten wir zurück und alle sehen ihn. Unser Leben soll es den Menschen leicht machen, sich auf Gott einzulassen. So sehr die Kirche unter unglaubwürdiger Nachfolge leidet, so sehr gedeiht sie da, wo Menschen die eine Leidenschaft teilen: Unser Leben soll Gott ehren, unser Dank ihn groß machen. Und seltsam, wo das passiert, kommen wir nicht zu kurz. Im Gegenteil. Immer wieder bestätigt sich dann ein geistliches Prinzip, das Jesus uns gelehrt hat: *Wenn ihr für ihn lebt und das Reich Gottes zu eurem wichtigsten Anliegen macht, wird er euch jeden Tag geben, was ihr braucht (Matthäus 6, 33; NLB).* (KGP)

Stille praktisch:

Bleiben Sie noch einen Augenblick sitzen und denken Sie nach. Wofür kann ich heute Gott danken? Was ist gar nicht so selbstverständlich, wie es scheint? Wo habe ich zugelassen, dass so oft Undankbarkeit und Kritik meine Gedanken bestimmen?

Und damit es ganz konkret wird: Schreiben Sie zehn Beispiele auf, die Ihnen einen triftigen Grund liefern, Gott an diesem Tag zu danken.

Der Gedanke des Tages:

»Durch den Dank bewahrt man Gottes Gnade im Herzen.« (Klaus-Günter Pache)

Die Israeliten waren wegen der Wanderung durch die Wüste unzufrieden und begannen sich zu beklagen. Als der Herr das hörte, wurde er sehr zornig. Er ließ am Rand des Lagers ein Feuer ausbrechen, das Zelt um Zelt zerstörte. Die Israeliten rannten zu Mose und schrien um Hilfe. Da betete er für sie zum Herrn und das Feuer erlosch. Den Ort nannte man Tabera (»Brand«). Doch das Jammern nahm kein Ende. Unter den Israeliten waren viele Fremde, die sich dem Volk angeschlossen hatten, als es Ägypten verließ. Sie forderten nun besseres Essen und schon fingen auch die Israeliten wieder an zu klagen: »Niemand gibt uns Fleisch zu essen! In Ägypten war das anders! Da bekamen wir umsonst so viel Fisch, wie wir wollten, da gab es Gurken, Melonen, Lauch, Zwiebeln und Knoblauch. Aber hier haben wir nichts. Wir hungern! Alles, was es hier gibt, ist dieses Manna!«
    4. Mose 11,1-6 (HFA)

Reich und beschenkt!

Gott ist großzügig, Gott segnet. Wir vergessen leicht, dass Gott diese Welt schuf und sie sehr gut war. Ihre Vielfalt und Pracht ist unbeschreiblich. Kein Blatt auf allen Bäumen dieser Erde ist identisch mit einem anderen. Es gibt keine Zwillinge unter den Schneeflocken. Wenn sich im Herbst das Laub bunt färbt, sind Millionen Farben vertreten. Die Zahl der Lebewesen ist nur zu schätzen. Ein einziger Sonnentag am Meer ist die reinste Verschwendung an Licht, Energie, Wärme und Luft.

Gott umgibt uns mit Genuss. Ein frischer knackiger Apfel, reife, grüngelbe Weintrauben, ein frisches Brot, ein kühles Bier, eine geräucherte Forelle, eine gute Tasse Ostfriesentee ... Ich höre auf, denn ich kann mir vorstellen, wie Ihnen das Wasser im

Mund zusammenläuft. Von der Pracht der Sterne bis zum Aroma einer Tasse Kaffee – offensichtlich ist das alles da, um uns zu erfreuen. Gott ist großzügig! Gott segnet und wir sind aufgefordert, den Segen weiterzugeben. Wir müssen unsere Dankbarkeit zeigen, und ich sage bewusst »müssen«. Erwin MacManus schreibt: »Keine Weisheit, so tief sie auch sein mag, wird den Weg in ein undankbares Herz finden.« Dankbarkeit ist also ein Gradmesser unserer geistlichen Reife. Großzügig zu sein ist der Weg der Liebe. Sich verschenken fördert unsere innere Heilung. Undankbare Menschen hingegen werden maßlos in ihren Ansprüchen.

In Israel gibt es zwei größere Gewässer, die sich auf der ersten Blick sehr ähnlich sind: Im Norden ist es der See Genezareth, der sein Wasser vom Jordan bezieht. Im Süden ist es das Tote Meer, das sein Wasser ebenfalls vom Jordan bezieht! Und doch sind die beiden Gewässer so unterschiedlich: Der See Genezareth ist ein fischreicher, gesunder See mit herrlichem Wasser. Das

> Gott umgibt uns mit Genuss. Ein frischer knackiger Apfel, reife, grüngelbe Weintrauben, ein frisches Brot, ein kühles Bier, eine geräucherte Forelle, eine gute Tasse Ostfriesentee ...

Tote Meer ist tot, wie der Name es sagt! Kein Fisch schwimmt in ihm, keine Pflanze gedeiht an seinem Ufer. Wo liegt der Unterschied? Der See Genezareth bezieht sein Wasser im Norden und gibt es im Süden wieder ab. Das Tote Meer bezieht sein Wasser auch im Norden und ... gibt es nicht mehr ab. Das Wasser bleibt im Toten Meer, verdunstet und seine Mineralien machen es ungenießbar.

Ein eindrückliches Bild für den Segen Gottes! Wenn wir ihn erfahren und nicht weitergeben, dann stirbt er! Mose hatte da mit dem Volk Israel einige Mühe. Obwohl es bereits so viele Wunder erlebt hatte, begann es doch, bei der kleinsten Kleinigkeit zu murren und zu jammern. Wenn wir lesen, wie sie sich fast permanent beklagen, kommt uns ihre Undankbarkeit regelrecht unverschämt vor! Selbst über das Manna, das übernatürliche Brot vom Himmel, beschwerten sie sich. Durch diesen negativen Blick auf ihre Situation konnten sie wohl irgendwann auch gar nicht mehr sehen, was Gott für sie tat. Mose fordert das Volk Gottes daher immer wieder auf, eine Kultur der Dankbarkeit zu pflegen. Dankbarkeit ist eine Haltung des Herzens. Die Folge von Dankbarkeit ist Großzügigkeit. Dankbar leben heißt großzügig leben. Dankbare Menschen sind überaus glückliche und großzügige Menschen. Dankbare Menschen geben den Segen Gottes weiter.

> **Wenn Sie Christ geworden sind, dann sind Sie in eine adelige Familie hineingeboren worden.**

Im Neuen Testament ist es der Apostel Paulus, der sich fast überschlägt, der um Worte ringt, die seinen Dank gegenüber Gott beschreiben: *Freuet euch in dem Herrn allewege, und abermals sage ich: Freuet euch! Eure Güte lasst kund sein allen Menschen! Der Herr ist nahe! Sorgt euch um nichts, sondern in allen Dingen lasst eure Bitten in Gebet und Flehen mit Danksagung vor Gott kundwerden! Und der Friede Gottes, der höher ist als alle Vernunft, bewahre eure Herzen und Sinne in Christus Jesus (Philipper 4,4-7; LUT).*

Kaum einer von uns gebraucht für den Begriff »großzügig« noch das alte Wort »generös«. Dieser Ausdruck bezeichnete ursprünglich Menschen von adeliger Geburt. Damit war die Vorstellung verbunden, dass adelige Menschen stets von ihrem Reichtum abgeben und den Armen helfen. Mit der Zeit wurde der Begriff für alle verwandt, die – egal, von welcher Herkunft sie waren und wie viel Geld sie besaßen – einfach großzügig waren. Wenn Sie Christ geworden sind, dann sind Sie in eine adelige Familie hineingeboren worden. Sie sind »von« Gott! Generös! Großzügigkeit ist ein Indiz für eine adelige Herkunft. Merkt man das in Ihrem Leben?

Greg und Debbie gehören zu einer Gemeinde in Los Angeles. Sie kennen sich seit ihrer Studienzeit und wurden damals ein Paar. Beide sind überzeugte Christen und nahmen schon damals ihre Nachfolge sehr ernst. Zwei Jahre waren sie befreundet, ein Jahr verlobt, und dann heirateten sie. Es war eine Liebesgeschichte wie aus dem Bilderbuch – bis auf eine Ausnahme: Debbie war sehr krank, schon zum Zeitpunkt ihrer Hochzeit. Sie hatte eine Autoimmunkrankheit und mit der Zeit stellten ihre Nieren den Dienst ein. Für Debbie wurde eine neue Niere gesucht, aber keine gefunden. Da schlug Greg vor, sich testen zu lassen. Er war der denkbar ungeeignetste Kandidat, aber es passte. Aus Liebe zu seiner Frau gab er eine gesunde Niere her. Die beiden lagen Seite an Seite im Krankenhaus und wurden operiert. Das tut ein Mann nur dann für seine Frau, wenn er sie wirklich liebt. Liebe macht dankbar und Dankbarkeit macht großzügig.

> **Wenn es Ihnen schwerfällt, Danke zu sagen, dann denken Sie ein paar Minuten daran, wie beschenkt Sie durch Jesus sind.**

Bei Gott ging das so weit, dass er seinen Sohn für uns gab, seinen einzigen. Er liebt die Menschen so sehr, dass es uns die Sprache verschlägt. Wenn es Ihnen schwerfällt, Danke zu sagen, dann denken Sie ein paar Minuten daran, wie beschenkt Sie durch Jesus sind. Wenn es Ihnen schwerfällt, großzügig zu geben, dann denken Sie ein paar Minuten daran, wofür Sie Gott alles danken können.

In einem biblischen Segenswort heißt es: *Der Gott des Friedens aber, der den großen Hirten der Schafe, unsern Herrn Jesus, von den Toten heraufgeführt hat durch das Blut des ewigen Bundes, der mache euch tüchtig in allem Guten, zu tun seinen Willen, und schaffe in uns, was ihm gefällt, durch Jesus Christus, welchem sei Ehre von Ewigkeit zu Ewigkeit! (Hebräer 13,20; LUT).* (KGP)

Stille praktisch:

 *Wem können Sie heute etwas von dem Segen Gottes weitergeben, den Sie bekommen haben? Laden Sie doch ganz spontan Ihre Nachbarin zu einer Tasse Kaffee ein. Überraschen Sie Ihre Frau mit dem Vorschlag: »Hast du Lust mit mir in die Stadt zu gehen, ein wenig bummeln und shoppen?« Rufen Sie Ihre Eltern an und reden Sie ein wenig mit Ihnen. Bieten Sie einem Freund Ihre Hilfe beim Umzug an.*

Der Gedanke des Tages:

»Ich halte dafür, dass Danken die höchste Form des Denkens ist und dass Dankbarkeit Glück ist: doppeltes Glück, da es verbunden ist mit Staunen.«
(Gilbert Keith Chesterton)

Dann wandten wir uns und zogen wieder in die Wüste auf der Straße zum Schilfmeer, wie der HERR zu mir gesagt hatte, und umzogen das Gebirge Seïr eine lange Zeit. Und der HERR sprach zu mir: Ihr habt dies Gebirge nun genug umzogen; wendet euch nach Norden. Und gebiete dem Volk und sprich: Ihr werdet durch das Land eurer Brüder, der Söhne Esau, ziehen, die auf dem Seïr wohnen, und sie werden sich vor euch fürchten (...) Denn der HERR, dein Gott, hat dich gesegnet in allen Werken deiner Hände. Er hat dein Wandern durch diese große Wüste auf sein Herz genommen. Vierzig Jahre ist der HERR, dein Gott, bei dir gewesen. An nichts hast du Mangel gehabt.

5. Mose 2,1–4.7 (LUT)

Gottes Zeit und meine Zeit

So ein Kundenservice am Telefon ist doch was Feines – wenn er funktioniert! Sie rufen an und hören: »Wenn Sie eine allgemeine Frage haben, drücken Sie bitte die Eins ... Wenn Sie über neue Produkte informiert werden möchten, drücken Sie bitte die Zwei ...« Mein Anliegen verbirgt sich hinter der Ziffer Sieben. Nach fünf Minuten Konzertmusik – Mozarts kleine Nachtmusik – meldet sich eine freundliche Frauenstimme: »Es tut uns leid, zurzeit sind alle Anschlüsse besetzt. Bitte haben Sie Geduld oder versuchen Sie es zu einem späteren Zeitpunkt wieder.«

Zeit der Stille ist Zeit, um mit Gott zu reden. Rufen wir einfach mal im Himmel an! Als kleiner Junge hat man mir im Kindergottesdienst die himmlische Telefonnummer beigebracht: 5015, abgeleitet von Psalm 50 Vers 15: *Und rufe mich an in der Not, so will ich dich erretten und du sollst mich preisen (LUT).* Wie lange müssen wir warten, bis wir durchgestellt werden? Wie schnell hört uns Gott? In der Regel haben wir es ja sehr eilig!

Nie und nimmer hatte Mose mit einer Wanderung von 40 Jahren gerechnet. Niemals wäre er unter solchen Bedingungen überhaupt angetreten. Aber Gott hat Zeit, alle Zeit der Welt. Wir haben sehr große Mühe, zu verstehen, warum wir nicht sofort Antwort bekommen, nicht sofort auf unsere Wünsche reagiert wird. Gott beherrscht die Zeit, wir sind in der Zeit, und da liegt unser Problem. Wir leben von Tag zu Tag und fragen uns, wie das Leben morgen gelingen kann. Nicht so Gott. Er ist der ewige, unveränderliche Gott. Er steht über der Zeit, jenseits aller Zeit.

> Ganz tief in uns liegt eine Ahnung, dass wir für mehr erschaffen worden sind. Eine Hoffnung begleitet uns ein ganzes Leben lang. Das lässt uns vieles in einem ganz anderen Licht sehen.

Wenn ein Mensch Christ wird, bringt ihm Gott Stück für Stück die Sprache der Ewigkeit bei. In Prediger 3,11 steht: *Gott hat die Ewigkeit in ihr Herz gelegt! (LUT)*. Hier knüpft Gott an. Ganz tief in uns liegt eine Ahnung, dass wir für mehr erschaffen worden sind. Eine Hoffnung begleitet uns ein ganzes Leben lang. Das lässt uns vieles in einem ganz anderen Licht sehen. Der Himmel muss unser Ziel sein. Ich kann auch die schwierigen Zeiten aus Gottes Hand nehmen und sie richtig einordnen.

Hier liegt ein Geheimnis, eine Kraft, die wir gar nicht hoch genug einschätzen können. Wenn die paar Jahre, die wir hier auf der Erde haben, alles sind, dann haben wir ein Problem. Dann muss alles ganz schnell gehen. Dann müssen wir das Beste daraus machen und können nur hoffen, dass wir bei halbwegs guter Gesundheit mindestens 80 werden. Wenn wir nur ein Leben haben, dann ist Krankheit nicht zu akzeptieren. Ein früher Tod ist eine niemals wiedergutzumachende Katastrophe. Wenn dieses Leben alles ist, ist jedes Jahr in einer schwierigen Beziehung ein schrecklich verlorenes Jahr und natürlich schmeißt man dann schnell die Brocken hin. Wenn dieses Leben alles ist und es läuft von Anfang an schief, dann flüstert uns eine unheimliche Stimme ins Ohr: »Mach Schluss, es hat doch keinen Sinn!« Wie anders die Stimme Gottes. Alles bekommt im Glanz der Ewigkeit einen Sinn. Auch die schweren Jahre.

In Kopenhagen steht auf dem Grabstein von Sören Kierkegaard, dem dänischen Philosophen: »Ja schon in kurzer Zeit hab ich gewonnen, dann ist der ganze Streit im Nu zerronnen. Dann werde ich ruhen im Garten Eden, und ewig, ewiglich mit Jesus reden.«

Wir haben hier eine bestimmte Zeit, in der wir Gott durch unser Leben ehren, um uns dann auf ewig an ihm zu freuen. Auf dieser Erde ist neben aller Freude und Erfüllung viel Kampf angesagt, und es gibt Momente, die uns nicht gefallen. Es ist eine Zeit der Bewährung, heute wieder, an diesem Tag. Der ewige Gott sieht unser Bemühen, freut sich, wenn seine Kinder dabei bleiben, auch wenn seine Zeit so ganz anders tickt, als die unsere.

> Wir haben hier eine bestimmte Zeit, in der wir Gott durch unser Leben ehren, um uns dann auf ewig an ihm zu freuen.

Thomas war ein überaus begabter, aber auch fauler Fußballspieler. Er gehörte zur Mannschaft, tat aber keinen unnützen Schritt. Wenn er ausgewechselt wurde, dann war ihm das nur recht. Am liebsten war ihm der Platz auf der Bank. Eines Tages kam der Trainer zu ihm, während die Mannschaft trainierte und sagte: »Thomas, für dich ist ein Telegramm gekommen.« Thomas nahm das zur Kenntnis, machte aber keine Anstalten, es zu öffnen, sondern sagte: »Trainer, lies es mir doch bitte vor.« Der Trainer las es, wurde bleich und sagte betroffen: »Junge, hier steht, dass dein Vater gestorben ist. Du kannst gehen und brauchst morgen bei dem Punktspiel nicht dabei zu sein.«

Am nächsten Tag war Thomas der Erste, der auf dem Platz stand und unbedingt von Anfang an mitspielen wollte. Das konnte der Trainer überhaupt nicht verstehen, denn so eifrig hatte er den Jungen noch nie erlebt. Als er ihn erstaunt fragte, warum er ausgerechnet jetzt mitspielen wolle, antwortete Thomas: »Trainer, du weißt ja, dass mein Vater gestorben ist. Weißt du, mein Vater war blind und konnte nie sehen, wie ich spiele. Aber heute ist der erste Tag in meinem Leben, an dem er mich endlich sehen kann. Und da muss ich doch spielen!«

Sieht Gott uns? Hört er uns? Wenn ja, dann sollten wir mit ihm reden. Gleich jetzt! In der nächsten Woche wird es noch ausführlicher darum gehen, wie wir im Alltag Gott hören können. Wir dürfen jedoch darauf vertrauen, dass er alle unsere Gebete hört, auch wenn er nicht alle unsere Wünsche erfüllt. Der Anschluss zu ihm steht, dafür hat Jesus gesorgt. Wir versauern nicht in der Warteschleife, Gott hört und hilft – zu seiner Zeit. (KGP)

Stille praktisch:

Hören Sie sich von der CD »Stille vor dir« das Lied »Jesus, du bleibst für immer gleich« an und denken Sie darüber nach. Haben Sie das bereits erlebt? Können Sie darauf vertrauen? Danken Sie Gott dafür, dass er sich niemals ändert, dass er derselbe bleibt und dass er über allem steht.

Der Gedanke des Tages:

»Das Meer der Zeit ist nur eine Woge
auf dem Meer der Ewigkeit.«
(Jean Paul)

»Nur der Schweigende hört.«

Josef Pieper

3. Woche

Eine Stimme in der Stille

Gott in der Stille hören

Und der HERR rief Samuel wieder, zum dritten Mal. Und er stand auf und ging zu Eli und sprach: Siehe, hier bin ich! Du hast mich gerufen. Da merkte Eli, dass der HERR den Knaben rief, und sprach zu ihm: Geh wieder hin und lege dich schlafen; und wenn du gerufen wirst, so sprich: Rede, HERR, denn dein Knecht hört. Samuel ging hin und legte sich an seinen Ort. Da kam der HERR und trat herzu und rief wie vorher: Samuel, Samuel! Und Samuel sprach: Rede, denn dein Knecht hört.

1. Samuel 3,8-10 (LUT)

Wenn uns ein Licht aufgeht

Ein König muss am Ende seines Lebens entscheiden, welcher seiner beiden Söhne sein Erbe antreten soll. Er bittet beide darum, an einem Wettbewerb teilzunehmen. Jeder der Söhne bekommt einen Silbertaler und soll versuchen, mit diesem Geld etwas zu erwerben, das einen großen Raum im Palast ausfüllen kann. Beide Söhne machen sich auf den Weg und kommen mit ihren Einkäufen zurück. Der eine Sohn hat Stroh gekauft und füllt damit einen großen Teil des Raumes aus. Der Vater ist beeindruckt. Dann wird das Stroh entfernt und der zweite Sohn soll seine Lösung vorstellen. Er stellt eine Kerze in die Mitte des Raumes und entzündet den Docht. Das Licht erfüllt den ganzen Raum und strahlt bis in die letzte Ecke. Der König ist begeistert. Mit so wenig Aufwand ist so viel erreicht worden! Da, wo das Licht hinkommt, vertreibt es nicht nur die Finsternis, es füllt auch den Raum aus, in dem es scheint. Der Sieger steht fest. Der kluge Sohn, der die Kerze angezündet hat, wird das Reich erben.

Was geschieht eigentlich, wenn einem Menschen ein Licht aufgeht? Erinnern wir uns an Jesus (an unseren 3. Tag): Bevor er seinen Dienst begann, bevor er Gemeinschaft mit anderen suchte, begegnete er seinem Vater, hörte er auf ihn. Ähnlich war das bei Samuel, mit dem wir uns in dieser Woche beschäftigen. Er lebte im 11. Jahrhundert vor Christus in Israel. Seit frühster Kindheit wohnte er beim großen Propheten Eli und half ihm im Tempel. Eli war inzwischen alt geworden. Die goldenen Zeiten, in denen Gott durch ihn zum Volk Israel gesprochen hatte, waren lange vorbei. Routine war eingekehrt und im Tempel lief nur »Dienst nach Vorschrift«.

Elis Söhne, die von ihrem Vater alles gelernt hatten, was den Tempeldienst betraf, hintergingen ihren Vater. Sie

> Im Tempel lief nur »Dienst nach Vorschrift«.

lebten so, als sei Gott taub und blind. Sie bereicherten sich an den Opfergaben und hatten schon lange kein schlechtes Gewissen mehr dabei.

Samuel arbeitete bei Eli, seit er ein kleiner Junge war, und hatte von ihm alles über den Dienst für Gott gelernt. Gott selbst hatte aber noch nie zu ihm gesprochen. Doch das sollte sich bald schon ändern. Eines Nachts wurde Samuel im Schlaf überrascht. Er hörte, wie jemand seinen Namen rief. Er lief zu Eli, weil er dachte, der alte Mann habe ihn gerufen. Doch der verneinte. Samuel legte sich wieder hin. Das Gleiche geschah noch einmal. Wieder ging Samuel zu Eli. Nein, Eli hatte ihn nicht gerufen. Samuel legte sich erneut schlafen. Bald darauf schon hörte er zum dritten Mal seinen Namen: »Samuel, Samuel.« Wieder stand er auf und ging zu Eli. Jetzt erkannte Eli, dass es Gott war, der Samuel rief. Er sagte ihm: »Leg dich wieder hin und wenn du noch einmal bei deinem Namen gerufen wirst, dann sage: ›Rede, Herr, denn dein Knecht hört!‹« Gesagt, getan. Samuel legte sich hin, und als er wieder von einer Stimme geweckt wurde, antwortete er genau so, wie Eli es ihm gesagt hatte. Und er erlebte zum ersten Mal, dass Gott direkt zu ihm sprach.

Es war, als würde ein Licht im Leben von Samuel angezündet. Doch Samuel konnte diese Stimme, die seinen Namen rief, erst gar nicht zuordnen. Es war Gott, der zu ihm sprach. Zu ihm, der vorher nur die Rituale im Tempel vollzogen hatte, der Gott nur vom Hörensagen kannte, zu ihm direkt sprach Gott mitten in der Nacht. Gott war nicht länger stumm. Es war übrigens keine persönliche Botschaft für ihn selbst, die er hörte. Es war die Ankündigung von Gottes Gericht über Elis Söhne.

> **Wie Samuel müssen wir als Menschen erst lernen, Gottes Reden in unserem Leben zu entdecken.**

Wie Samuel müssen wir als Menschen erst lernen, Gottes Reden in unserem Leben zu entdecken. Dabei steht fest: Gott ruft uns, ständig. Er kennt unseren Namen. Er ruft uns bei unserem Namen: *Und nun spricht der HERR, der dich geschaffen hat, Jakob, und dich gemacht hat, Israel: Fürchte dich nicht, denn ich habe dich erlöst; ich habe dich bei deinem Namen gerufen; du bist mein! (Jesaja 43,1; LUT)*

Gott will mit uns Menschen im Gespräch sein, mit uns kommunizieren. Er ist nicht stumm, er redet. Doch wir müssen lernen, seine Stimme zu hören und sie von der Stimme von Menschen zu unterscheiden. Vielleicht geht es uns wie Samuel: Wir können gar nicht glauben, dass Gott zu uns redet. Doch wenn wir lernen, hinzuhören, stellen wir mit Erstaunen fest: Gott spricht ganz persönlich mit uns. Gott hat eine Geschichte mit jedem von uns. Er kannte uns schon vor unserer Geburt. Er hat uns unser Leben geschenkt und will mit uns in Verbindung stehen, mit uns reden. Wir sind dazu geschaffen, auf Gott zu hören, mit ihm Gemeinschaft zu haben, mit ihm zu kommunizieren.

Wenn Gott zu uns redet, geht uns ein Licht auf. Wenn wir unser Leben Christus anvertrauen, dem Licht der Welt, füllt er als Licht unser Leben aus. Es wird hell. Die Finsternis muss weichen. Wir entdecken Neues, wir sehen Altes in einem anderen Licht. Aus jemandem, der aus Tradition in die Kirche geht, kann jemand werden, der eine lebendige Beziehung zu Gott hat, der auf Gott hört, den Gott beim Namen ruft, der Gottes Reden hört.

Fragen Sie doch einmal bei Gott nach, ob er Ihnen etwas sagen will! Er möchte, dass Sie ihn entdecken, ihm ganz neu zuhören. Unsere Aufgabe ist es allein, Gott die Erlaubnis zu geben, zu uns zu reden. »Herr, hier bin ich. Rede du!« – so hat es Samuel ausgedrückt. So können auch wir es Gott sagen. Die Kunst wird es sein, geduldig hinzuhören.

Samuel machte in dieser Nacht viele Entdeckungen: Gott ist nicht stumm, sondern er redet. Er ist nicht nur an den Ritualen des geistlichen Lebens interessiert, sondern an mir als Person. Er kennt nicht nur die »wichtigen geistlichen Leiter« in unserem Land wie Eli, er kennt meinen Namen und will auch mit mir reden!

> Wenn Gott zu uns redet, geht uns ein Licht auf. Wenn wir unser Leben Christus anvertrauen, dem Licht der Welt, füllt er als Licht unser Leben aus. Es wird hell.

Aus jemandem, der Gott noch nicht kannte, obwohl er ihm treu im Tempel diente, wird jemand, der von Gottes Wort erreicht wird. Jemand, der eine persönliche Beziehung zu Gott entwickelt. (EW)

Stille praktisch:

Sagen Sie Gott, dass Sie möchten, dass er zu Ihnen redet. Heute, an diesem Tag, vielleicht sogar in dieser Nacht. Vielleicht werden Sie wach wie Samuel. Reden Sie dann mit Gott und hören Sie  *aufmerksam hin, was er Ihnen zu sagen hat. Vielleicht träumen*

Sie auch etwas. Schreiben Sie es gleich nach dem Aufwachen auf. Und wenn Sie Gott noch nicht kennen, bitten Sie ihn, sich Ihnen zu offenbaren, damit Sie ihn kennenlernen können.

Der Gedanke des Tages:

»Wir hören viel, aber wir hören erst eigentlich, wenn wir die wirren Stimmen haben sterben lassen und nur noch eine spricht. Wir sehen viel, doch wir sehen erst eigentlich, wenn wir die wirren Lichter alle ausgeblasen haben und nur das eine klare, große in der Seele leuchtet.«
(Meister Eckhart)

Als mir angst war, rief ich den HERRN an und schrie zu meinem Gott. Da erhörte er meine Stimme von seinem Tempel, und mein Schreien kam vor ihn zu seinen Ohren.

2. Samuel 22,7 (LUT)

Es gibt einen, der dich versteht

Ein Mann trifft eine Fee. Diese will ihm einen Wunsch erfüllen. »Oh, da weiß ich, was ich mir wünsche. Ich möchte so gerne eine Autobahn haben, die direkt vor meiner Haustüre anfängt und bis hinüber nach Amerika geht!« Die Fee schaut ihn ernst an und sagt: »Kannst du dir nicht etwas Einfacheres wünschen?« Der Mann überlegt. »Okay, wenn es etwas Einfacheres sein soll: Ich würde sehr gerne mal meine Frau verstehen.« Sofort kommt die Antwort der Fee: »Wie hättest du gerne die Autobahn? Dreispurig oder vierspurig?«

Zuhören und verstehen, das sind oft zwei verschiedene Paar Schuhe. Wir hören hin und hören vielleicht auch intensiv zu, dennoch verstehen wir manchmal nicht, was gesagt wird. Das trifft sicherlich zu, wenn wir im Urlaub Menschen um uns herum in einer anderen Sprache sprechen hören. Doch das kann auch vorkommen, wenn wir die gleiche Sprache sprechen, ja sogar dieselben Worte benutzen. Manchmal füllen wir dieselben Worte unterschiedlich, und deshalb können wir nicht davon ausgehen, dass wir immer dasselbe meinen, wenn wir von etwas Bestimmtem sprechen.

Hierzu fällt mir ein Beispiel aus der Bibelübersetzungsarbeit in eine afrikanische Sprache ein: In Lukas 24 wird über die Emmaus-Jünger berichtet, die nach der Hinrichtung Jesu auf dem Weg zurück nach Hause sind. Der auferstandene Jesus geht ein Stück mit ihnen, doch sie erkennen ihn nicht. Dann gibt er sich zu erkennen. Direkt danach verlässt er sie wieder und sie meinen: *Hat unser Herz nicht gebrannt, als er mit uns auf dem Weg redete und uns das Verständnis des Gottesbuches eröffnete? (Lukas 24,32; DBU)*

Der einheimische Mitarbeiter der Bibelübersetzung hatte das wortwörtlich übersetzt. Doch der ausländische Bibelübersetzer spürte, dass hier etwas nicht stimmen konnte. Er fragte nach:

»Was bedeutet es bei euch, wenn das Herz brennt?«

> Gott hört uns anders zu, als wir Menschen es tun. Er versteht uns, erkennt unsere inneren Motive und nimmt uns ernst.

Die Antwort war überraschend: »Das heißt, dass man wütend ist.«

»Was würde man denn sagen, wenn man im Herzen tief berührt ist von etwas?«

Diese Antwort überraschte umso mehr: »Dann würde man sagen, dass das Herz kühl wird!«

Wenn er tatsächlich wortwörtlich übersetzt hätte, hätte er das genaue Gegenteil ausgedrückt von dem, was eigentlich im Urtext steht. Um das Bibelzitat korrekt zu übersetzen, musste man sagen: »Wurde nicht unser Herz kühl?« Doch das kommt uns in Deutschland komisch vor, denn mit einem kühlen Herzen verbinden wir Härte und Abweisung.

Wie oft kommt es vor, dass wir mit den engsten Menschen um uns herum reden und dennoch das Gefühl haben, wir verstehen einander nicht wirklich? Wir hören zu, aber wir hören nicht wirklich zu. Wir sind geistig abwesend und hören zwar die Worte, aber wir sind nicht wirklich am Inhalt interessiert. Wie viele alte Menschen haben niemanden mehr, der die Zeit hat oder sich die Zeit nimmt, ihnen zuzuhören? Wie viele Kinder haben keinen älteren Menschen, der sich ihnen widmet? Wie viele Leute gehen zu einem Therapeuten, einfach nur, um einmal erzählen zu können, was sie bewegt?

Gott hört uns anders zu, als wir Menschen es tun. Er versteht uns, erkennt unsere inneren Motive und nimmt uns ernst. In der Bibel finden wir sehr viele Texte, in denen Menschen sehr offen und ehrlich mit Gott reden. Sie klagen ihm ihr Leid, sie werfen ihm Dinge vor, die sie nicht verstehen, sie nehmen kein Blatt vor den Mund. Menschen schütten ihr Herz vor ihm aus. So wie in einer guten Beziehung die Aussprache ihren Platz hat, so dürfen wir ohne Hemmungen mit Gott reden. Ja, wir werden sogar dazu aufgefordert: *Schreie laut zum Herrn, klage, du Tochter Zion, lass Tag und Nacht Tränen herabfließen wie einen Bach; höre nicht auf damit, und dein Augapfel lasse nicht ab! Steh des Nachts auf und schreie zu Beginn jeder Nachtwache, schütte dein Herz aus vor dem Herrn wie Wasser (Klagelieder 2,18–19; LUT).*

> Wo wir unser Herz ausschütten, wo wir unserem Ärger und unserer Enttäuschung Luft machen, entsteht wieder ein Freiraum, in den hinein Gott reden kann.

Bei Gott dürfen wir ungebremst und ohne nach den richtigen Worten zu suchen, ganz einfach das sagen, was uns bewegt. Und er hört zu. So intensiv, dass er unsere innersten Motive und Fragen kennt. Er kennt uns durch und durch. Und er versteht uns, selbst dann, wenn uns kein Mensch versteht, selbst dann, wenn wir uns selbst nicht mehr verstehen.

Wo wir unser Herz ausschütten, wo wir unserem Ärger und unserer Enttäuschung Luft machen, entsteht wieder ein Freiraum, in den hinein Gott reden kann. Aus dem Klagen wird ein Hören. Da, wo wir dann aufhören zu reden, kommt die Stille. Wenn wir dann hinhören, spüren wir, dass Gott da ist. Und dass er uns wirklich versteht! So hat es auch Samuel erlebt, wie wir in unserem heutigen Bibeltext lesen können. Er ist gewiss: Meine Schreie kommen bei Gott an. Er nimmt sie wahr. (EW)

Stille praktisch:

 *Lesen Sie laut Psalm 139 und halten Sie bei den Versen inne, die Ihnen aus der Seele sprechen. Nennen Sie an dieser Stelle Gott Ihr ganz konkretes Anliegen. Füllen Sie diese Worte des Psalmbeters* mit Ihren eigenen Erfahrungen. Gott hört Ihr Reden. Und er will und wird antworten!

Der Gedanke des Tages:

»Aber sei nur stille zu Gott, meine Seele;
denn er ist meine Hoffnung.«
(Psalm 62, 6; LUT)

Ich bezeichne euch nicht als untergebene Knechte. Denn ein Untergebener weiß nicht, was sein Vorgesetzter tut. Aber euch habe ich als meine Freunde bezeichnet. Und das seid ihr auch! Denn ich habe euch alles wissen lassen, was ich von meinem Vater erfahren habe.
   Johannes 15,15-16 (DBU)

Auch ohne Worte

Mein Mann und ich teilten uns zu Hause ein Arbeitszimmer. Unsere Schreibtische standen sich gegenüber und wir fanden es recht schön, dass wir bei der Arbeit so nah zusammen sein konnten. Ich war gerade dabei, intensiv über etwas nachzudenken. Mein Mann wollte auch arbeiten. Plötzlich schaute er mich an und sagte, ohne dabei groß nachzudenken: »Hör mal eben auf zu denken, ich muss mich konzentrieren!«

Wenn man sich so viele Jahre kennt, so intensiv im Gespräch ist, so viel gemeinsam erlebt hat, dann kann man fast die Gedanken des anderen lesen. So geht es uns zwar nicht immer, aber immer öfter! Manches am anderen bleibt eben auch nach fünfundzwanzig Jahren ein Rätsel oder auch ein schönes Geheimnis! Aber manchmal beginnen wir zur selben Zeit das gleiche Thema zu bedenken, versuchen im gleichen Moment, einander anzurufen, wissen jetzt schon, was der andere gleich tun will und so weiter und so fort.

Wie froh wäre ich, wenn ich diese Art Verbundenheit mit Gott hätte! Wenn ich genau wüsste, woran er gerade denkt, was ihm auf dem Herzen ist, welche Pläne er hat. Oft nutze ich meine Gespräche mit Gott eher so, wie es mir jemand von einem frustrierenden Telefonat erzählte: Jemand rief an und sagte, dass er sich freue, mit der anderen Person zu reden. Doch dann folgte ein langer Monolog. Der andere kam kaum zu Wort. Und am Ende bedankte sich der Anrufer für das gute Gespräch, obwohl der Angerufene außer ein paar Floskeln kaum etwas gesagt hatte. Anscheinend war es dem Anrufer gar nicht wichtig, mit dem Angerufenen zu sprechen. Eigentlich wollte er nur etwas erzählen. Er kam gar nicht auf die Idee, dass der Angerufene vielleicht auch etwas in das Gespräch einbringen wollte. Dass er vielleicht auch Dinge hatte, über die er gerne reden würde. Solche Telefonate lassen einen zufriedenen Anrufer und einen frustrierten Angerufenen zurück. Der eine konnte alles erzählen, was er sagen wollte. Doch der andere fühlt sich missbraucht und nicht ernst genommen. Was er zu sagen hatte, war anscheinend nicht wichtig. Jedenfalls wollte es der andere gar nicht wirklich hören.

> **Wie froh wäre ich, wenn ich diese Art Verbundenheit mit Gott hätte! Wenn ich genau wüsste, woran er gerade denkt, was ihm auf dem Herzen ist, welche Pläne er hat.**

Jesus möchte uns als seine Freunde gewinnen. Er bietet uns seine Freundschaft an. Wir dürfen wissen, was er denkt, was er vorhat. Wir sind nicht wie Knechte, wie Untergebene, die Befehle erhalten und ausführen müssen, ohne den größeren Plan dahinter zu kennen. Jesus möchte mit uns gemeinsam über Dinge nachdenken, uns seine Pläne offenbaren und uns mit hineinnehmen in sein Wirken in dieser Welt.

Seitdem Gott Samuel das erste Mal gerufen hatte, hat er gelernt, Gott zuzuhören wie einem Freund. Gott redet offen mit ihm, lässt ihn seine Pläne wissen. In 1. Samuel 9,15-19 lesen wir: *Aber der HERR hatte Samuel das Ohr aufgetan einen Tag, bevor Saul kam, und gesagt: Morgen um diese Zeit will ich einen Mann zu dir senden aus dem Lande Benjamin, den sollst du zum Fürsten salben über mein Volk Israel, dass er mein Volk errette aus der Philister Hand. Denn ich habe das Elend meines Volks angesehen, und sein Schreien ist vor mich gekommen. Als nun Samuel Saul sah, tat ihm der HERR kund: Siehe, das ist der Mann, von dem ich dir gesagt habe, dass er über mein Volk herrschen soll (LUT).* Mit dieser Information vertraut Gott seinem Freund Samuel seine Pläne an. Er lässt ihn einen Blick in die Zukunft tun.

Wie sieht es mit Ihnen aus? Hören Sie Gott zu? Sind Sie an seinen Plänen für diese Welt interessiert? Kann er Sie hineinnehmen in das, was er tun will? In Ihrer Stadt? In einem anderen Land?

Wie kann das praktisch gehen, sich von Gottes Anliegen und Plänen berühren zu lassen? Gott auch »ohne Worte« zu verstehen? Zunächst einmal muss man natürlich regelmäßig Zeit mit ihm verbringen. Mein Mann und ich verstehen uns auch nur deshalb so oft blind, weil wir seit 25 Jahren an unserer Beziehung arbeiten. Ich kann nicht erwarten, dass Gott mit mir seine Pläne teilt, wenn ich mir selten bis nie Zeit für ihn nehme, nichts in die Beziehung zu ihm investiere. Das ist ähnlich wie mit Menschen, die man kaum sieht. Hat man doch einmal wieder Kontakt mit ihnen, wird man einander nicht sofort sein Herz ausschütten, sondern sich erst wieder auf den aktuellen Stand der Dinge bringen, eher oberflächlich sprechen.

> Jesus möchte mit uns gemeinsam über Dinge nachdenken, uns seine Pläne offenbaren und uns mit hineinnehmen in sein Wirken in dieser Welt.

Wenn unsere Beziehung zu Gott stimmt, hier einige weitere Anregungen: Erhalten Sie Rundbriefe von einer Missionsgesellschaft? Beten Sie für die Anliegen, die dort genannt werden? Unterstützen Sie Gottes Wirken in dieser Welt durch Ihre finanziellen Mittel? Wissen Sie, wo Gott gerade Ihren persönlichen Einsatz benötigt?

Vor einiger Zeit hörte ich eine unglaubliche Geschichte. Ein Missionar in Afrika musste weit reisen, um große Mengen Geld von einer Bank abzuholen. Er war alleine unterwegs. Das war sehr gefährlich, aber er hatte keine Angst. In Amerika wurde nachts, zeitgleich mit der Reise in Afrika, ein Mann wach und dachte: »Ich muss für unseren Missionar beten. Und nicht nur ich, ich muss noch ein paar Leute anrufen und wecken, damit sie mit mir beten. Irgendetwas stimmt nicht!« Gesagt, getan. Mitten in der Nacht in den USA beteten zehn Männer für den Missionar. Der wusste nichts davon. Als er von der gefährlichen Reise durch den Dschungel wohlbehalten zurückkehrte, das Geld sicher im Gepäck verstaut, traf er auf einige merkwürdige Gestalten. Sie erzählten ihm, dass sie ihm unterwegs aufgelauert hätten, um ihn auszurauben. Aber sie hätten das Unterfangen abgebrochen, weil er ja in solch einer großen Gruppe gereist sei. Er sei mit zehn Männern unterwegs gewesen. Der Missionar war erstaunt, weil er ja allein gereist war. Erst bei seinem nächsten Kontakt mit dem Mann, der in der Nacht gebetet hatte, wurde ihm klar, dass die Räuber etwas gesehen hatten, was man eigentlich gar nicht sehen konnte: den Schutz, der durch die Fürbitte den Missionar begleitet hatte. Unser Gebet ist wichtig. Gott handelt, wenn wir beten. Er handelt auch ohne unser Gebet, aber er möchte, dass wir als seine Freunde mit ihm reden, seine Anliegen teilen. Gott will uns miteinbeziehen. Wir sind gefragt, als seine Freunde! Sind Sie dabei? (EW)

Stille praktisch:

Fragen Sie Gott heute, wo Sie durch Ihr Gebet helfen können. Sie werden überrascht sein, wie gerne Gott Ihnen Dinge aufs Herz legt, für die Sie beten können. Wie wissen Sie, was Gott Ihnen aufs Herz legen will? Vielleicht fallen Ihnen Namen ein, Situationen, Nachrichten. Für die können Sie vertrauensvoll beten.

Der Gedanke des Tages:

*»Weil die Betenden in das Gebet Jesu Christi
mit einfallen, darum dringt ihr Beten zu Gottes Ohren.
Christus ist ihr Fürbitter geworden.«*
(Dietrich Bonhoeffer)

»Ich sage euch ganz deutlich: Wer nicht durch das Tor in das Schafgehege eintritt, sondern irgendwo über den Zaun klettert, der ist nichts anderes als ein Dieb oder Räuber. Aber der, der durch das Tor eintritt, der ist der Schafhirte. Für ihn öffnet der Torhüter das Tor und die Schafe erkennen seine Stimme. Er ruft seine eigenen Schafe, jedes mit Namen, und führt sie hinaus auf die Weide. Wenn er alle seine eigenen Schafe aus dem Gehege herausgebracht hat, dann geht er vor ihnen her und seine Schafe folgen ihm, denn sie kennen seine Stimme ...*

Meine Schafe achten genau auf meine Stimme und ich kenne sie ganz genau. Sie folgen mir überall hin und ich gebe ihnen das unvergängliche Leben. Sie werden bis in alle Ewigkeit hinein nicht verloren gehen. Ja, es wird niemandem gelingen, sie aus meiner Hand zu reißen.«

Johannes 10,1-4.27-28 (DBU)

Meine Schafe hören meine Stimme

Ein kleiner Junge wuchs in der Türkei auf. Er besaß ein Schaf, das er über alles liebte. Doch eines Tages war das Schaf verschwunden. Wo mochte es sein? Der Junge weinte bitterlich und bat seinen Vater, ihm bei der Suche zu helfen. Doch das war ein unmögliches Unterfangen. Gerade in diesen Tagen wurden ganze Herden von Schafen auf den Straßen zum Verkauf angeboten. Es war nämlich kurz vor dem islamischen Opferfest, bei dem jede Familie ein Schaf schlachtet. Sicher hatte jemand das Schaf des Jungen entwendet und wollte es jetzt auf dem Markt verkaufen.

Der Junge war so traurig, dass der Vater sich darauf einließ, nach seinem Schaf zu suchen. Die beiden gingen los. Immer wieder stellte sich der Junge vor die Schafherden und rief den Namen seines Schafes. Er war sich sicher: Wenn sein Schaf seinen Namen hörte, würde es zu ihm kommen. Und genau so war es. Nach längerem Suchen standen Vater und Sohn vor einer Herde Schafe, der Junge rief den Namen, ein Schaf löste sich aus der Gruppe und kam direkt auf den Jungen zu. Es war das Schaf, das dem Jungen gehörte! Der Händler war dadurch sofort überzeugt und ließ es mit Vater und Sohn nach Hause gehen.

Jahre später ist dieser Junge ein Student in der Hauptstadt Istanbul. Er kommt in Kontakt mit einem jungen Christen, der ihm ein Neues Testament schenkt. Er schlägt es auf und liest im Johannesevangelium: *Meine Schafe hören meine Stimme und ich kenne sie und sie folgen mir (10,27; LUT)*. Sofort denkt er: »Der Mann, der das gesagt hat, spricht die Wahrheit. Ihm kann man vertrauen.« Er fragt nach und erfährt, dass Jesus hier über sich selbst und seine Jünger spricht. Der junge Mann ist überzeugt und wird Christ.

> Auch wir Menschen erkennen, ob wir eine Stimme schon einmal gehört haben und ob derjenige, der zu uns spricht, eine besondere Beziehung zu uns hat.

Das Schaf konnte die Stimme des Jungen erkennen. Auch wir Menschen erkennen, ob wir eine Stimme schon einmal gehört haben und ob derjenige, der zu uns spricht, eine besondere Beziehung zu uns hat. Die Stimme eines nahestehenden Menschen ist uns sehr vertraut. Und wir können am Ton der Stimme sofort ablesen, wie es dem Anderen geht bzw. in welcher Stimmung er ist.

Je enger unsere Beziehung zu Jesus ist, desto vertrauter werden wir mit seiner Stimme werden. Wir werden sie wahrnehmen können, auch im Trubel des Alltags, dann, wenn nichts um uns herum still ist. Er hat uns versprochen, dass wir seine Stimme hören werden. Darauf dürfen wir vertrauen. Allerdings müssen wir uns auch immer wieder darin üben, unsere Ohren sozusagen auf die richtige Frequenz einstellen. Und wir müssen lernen, wie Gott spricht. Denn nicht immer bzw. eher selten ist das die laute Stimme vom Himmel, die Samuel gehört hat. Viel häufiger ist es eher ein leises Flüstern, ein innerer Impuls, das Bedürfnis oder der Drang, etwas zu tun. Auch Samuel wird nicht immer nur laute Anweisungen von Gott erhalten haben. Er war einfach vertraut mit Gott und seiner Stimme, die man nicht immer hörbar wahrnehmen kann.

Solche Impulse habe auch ich schon öfters bekommen. Vor einigen Jahren war ich gerade in der Küche beschäftigt. Das Telefon klingelte und ich rannte durch die Wohnung, immer dem Klingelton nach. Währenddessen schoss mir ein Gedanke durch den Kopf: »Das ist ein Anruf einer Gemeinde, die dich zu einer Evangelisation als Sprecherin einladen will. Du musst zusagen!« In Sekundenbruchteilen war dieser Gedanke wieder weggewischt. Ich hatte noch nie bei einer Evangelisation gesprochen. Wieso sollte man ausgerechnet mich deswegen anrufen? Ich nahm den Hörer ab. Am anderen Ende war ein Pastor aus einem Nachbarort von Marburg.

> **Ein Impuls, ein Gedanke, eine innere Aufforderung, so redet Gott in unser Leben hinein**

»Frau Werner, wir haben nächste Woche eine Evangelisation bei uns in der Gemeinde geplant. Jetzt ist unser Evangelist überraschend ins Krankenhaus gekommen ...«

In mir überschlugen sich die Gedanken. War das wirklich wahr? Was hatte ich gehört? Ich sollte Ja sagen? Wahrscheinlich würde der Pastor am anderen Ende gleich nach meinem Mann fragen, der ja der Evangelist bei uns im Haus war.

»... und da haben wir zunächst an Ihren Mann gedacht.«
Ich war erleichtert, es ging also doch um Roland.

»Aber dann haben wir beschlossen, lieber Sie selbst anzufragen, ob Sie drei Abende bei uns sprechen könnten!«

Ich setzte mich hin. Jetzt musste ich also Ja sagen – so war mein innerer Impuls gewesen. Doch sollte ich das wirklich tun? Ich hatte ja gar keine Erfahrung als Rednerin bei einer solchen Veranstaltung. Und was, wenn ich das gar nicht konnte? Wenn das für die Gemeinde ein Reinfall werden würde? Wenn ...

»Du sollst Ja sagen!« Da war es wieder, das innere klare Reden Gottes. Also sagte ich zu, mit Zittern und Zagen. Und was soll ich sagen? Es waren drei gute Abende und Menschen reagierten auf die gute Botschaft. Hätte Gott nicht vorher so deutlich zu mir geredet, ich hätte bis heute noch nicht den Mut gehabt, bei einer Evangelisation zu sprechen.

Solche inneren Impulse von Gott sind wichtig für unser geistliches Leben. Wir sind darauf angewiesen, dass Gottes Geist uns führt. Im Laufe der Jahre entwickeln wir als Christen ein Gespür dafür, wann Gott zu uns redet und wann wir einfach unseren eigenen Gedanken freien Lauf gelassen haben. Wir können seine Stimme erkennen.

Ein Impuls, ein Gedanke, eine innere Aufforderung, so redet Gott in unser Leben hinein. Es sind nicht immer die großen Aufträge wie »Gehe in ein anderes Land« oder »Ich berufe dich zum Propheten«. Sehr oft sind es die kleinen Gedankenblitze, kleine Schritte des Gehorsams, die Gott nutzt, um uns in Größeres hineinzuführen. Beginnen Sie, diese Impulse ernst zu nehmen. Vielleicht fällt Ihnen jemand ein, den Sie mal anrufen sollten. Oder Sie erinnern sich an ein Versprechen, das Sie jemandem gegeben haben. Oder Sie spüren den Drang, für jemanden zu beten. Vielleicht fällt Ihnen auf, dass jemand in Ihrer Familie ein tröstendes Wort braucht, einen gemeinsamen Spaziergang, eine ungestörte Zeit für Gespräche. Gehen Sie diesen Gedanken nach! (EW)

Stille praktisch:

 *Wann hat Gott Ihnen zuletzt etwas deutlich gesagt? Denken Sie nach, ob Sie diesem Impuls gefolgt sind. Wenn nicht, können Sie Gott genau jetzt sagen, dass es Ihnen leid tut. Bitten Sie ihn darum, dass er weiterhin und wieder neu zu Ihnen spricht. Sagen Sie ihm, dass Sie bereit sind, ihm zu gehorchen. Und hören Sie erneut hin!*

Der Gedanke des Tages:

*Jesus spricht: »Meine Schafe hören meine
Stimme, und ich kenne sie und sie folgen mir.«
(Johannes 10,27; LUT)*

Als Samuel heranwuchs, war der Herr mit ihm, und ließ alle Voraussagen Samuels eintreffen. Im ganzen Land, von Dan bis Beerscheba, wussten die Israeliten, dass Samuel zum Propheten des Herrn bestimmt war. Der Herr erschien weiterhin in Silo und überbrachte Samuel dort in Silo Botschaften. Und Samuels Worte richteten sich an das ganze Volk Israel.

1. Samuel 3,19–4,1 (NLB)

Botschaften von Gott

Das Hören auf Gott sollte in der persönlichen Stille einen festen Platz haben. Doch wie sieht es in unseren Gemeindeveranstaltungen aus? Bei unseren Planungssitzungen, Vorstandstagungen und Arbeitsgruppen? Hören wir dort auf Gott? Fragen wir ihn, was gut und richtig ist und was er verurteilt, was ihm missfällt? Manchmal denke ich, dass wir in unseren Gottesdiensten sehr viel reden in Gebeten, Liedern, Predigten und Zeugnissen. Aber wann sitzen wir als Gemeinde einfach da und hören hin, was Gott sagen will? Die Gemeinden der Quäker feiern ihre Gottesdienste in genau dieser Weise, dass jeder still ist und wartet, ob und zu wem Gott redet. Diese Person spricht dann das aus, was sie von Gott empfangen hat.

Wie wir gesehen haben, lernte Samuel, Gottes Stimme zu hören. Und was er hörte, war noch nicht einmal eine Botschaft für ihn selbst, sondern ein hartes Wort für Eli, den Mann, von dem Samuel abhängig war und der sich seit seiner Kindheit um ihn gekümmert hatte. Und für die Söhne Elis, die ihren Dienst für Gott in ein selbstsüchtiges Unternehmen verwandelt hatten. Gott ließ Eli durch Samuel erklären, dass das Gericht Gottes über die Söhne von Eli kommen würde, weil sie nicht auf Gott gehört hatten, sondern ihre eigenen Wege gegangen waren. Das ist keine einfache Botschaft, die Samuel hier anvertraut bekam. Aber er übermittelte sie treu und ungefälscht. Das war der Anfang seines Wirkens als Prophet. Von da an gab er das Wort Gottes an das Volk Israel weiter.

Das direkte Reden Gottes in eine Situation hinein ist das prophetische Reden. Jede Predigt, die Jesus verkündet, ist ein Stück prophetische Rede. Aber es gibt noch mehr als die Predigt. Prophetisch begabte Menschen können von Gott eine Botschaft empfangen, die für andere sehr wichtig ist. Dabei handelt es sich nicht um Wahrsagerei. Prophetisches Reden ist in erster Linie ein Hören auf Gott und dann ein Reden im Namen Gottes. Dieses Reden Gottes muss vom Empfänger der Botschaft und vom Übermittler der Botschaft geprüft werden. *Doch wägt alle Dinge ab und haltet dann an dem fest, was wirklich gut ist,* heißt es in 1. Thessalonicher 5,21 (DBU).

> **Prophetisch begabte Menschen können von Gott eine Botschaft empfangen, die für andere sehr wichtig ist.**

Wir brauchen neben den inneren Impulsen auch das Reden von außen, das Reden durch andere Christen. Als Gemeinde profitieren wir davon, dass alle geistlichen Gaben in den Dienst der Gemeinde gestellt werden. Und da gehört die Gabe der prophetischen Rede mit dazu: *Jagt der Liebe nach und bemüht euch um die Befähigungen des Gottesgeistes, vor allem, dass ihr prophetisch reden könnt. Denn der, der in einer geistgewirkten Sprache spricht, der spricht nicht zu Menschen, sondern zu Gott. Denn es versteht ja keiner. Nein, er beschreibt die verborgenen Geheimnisse in der Wirklichkeit des Gottesgeistes.*

Jemand, der prophetisch redet, der spricht zu den Menschen. Was er sagt, dient zum Aufbau von Menschen, zur Ermutigung und zur Stärkung. Jemand, der in einer geistgewirkten Sprache spricht, der stärkt sich selbst dadurch. Und wer prophetisch re-

det, der baut dadurch die Gottesgemeinde auf. Ich wünsche mir, dass ihr alle in diesen geistgewirkten Sprachen sprecht, aber noch viel mehr, dass ihr auch prophetisch redet. Denn wer prophetisch redet, ist bedeutender als einer, der in geistgewirkten Sprachen spricht, außer natürlich, wenn diese übersetzt werden. Denn dann kann die Gottesgemeinde dadurch gestärkt werden (1. Korinther 14,1-5; DBU)

Im Christus-Treff in Marburg gibt es immer wieder im Gottesdienst die Gelegenheit, solche prophetischen Eindrücke zu äußern. Sie werden aufgeschrieben und der Gottesdienstleitung zur Prüfung vorgelegt. Die entscheidet, ob, wann und wie diese prophetische Rede im Gottesdienst eingebracht werden kann. Wir erleben immer wieder, dass dadurch Menschen stark geholfen wird. Letztlich kann man erst dann wissen, ob es eine echte prophetische Rede war, wenn jemand darauf reagiert und bestätigt, dass Gott dadurch zu ihm oder ihr geredet hat. Im Gegensatz zur Wahrsagerei legt die prophetische Rede den Menschen nicht fest. Sie weist einen Weg auf, doch sie zwingt niemanden, ihn zu gehen. Sie sagt nicht die Zukunft voraus, sondern sie redet in eine konkrete Situation hinein.

> **Auch durch Sie kann Gott zu anderen Menschen reden. Haben Sie nicht auch schon erlebt, dass ein anderer Mensch durch Ihre Worte ermutigt wurde?**

Das prophetische Reden ist ein wichtiger Bestandteil des gemeindlichen Lebens. Auch durch Sie kann Gott zu anderen Menschen reden. Haben Sie nicht auch schon erlebt, dass ein anderer Mensch durch Ihre Worte ermutigt wurde? Dass er Ihre Korrektur angenommen hat? Dass er gestärkt wurde? Dass Sie einen guten geistlichen Rat geben konnten?

Hier einige Hinweise, wie man lernen kann, Gottes Stimme von menschlichen Ratschlägen zu unterscheiden:

1. Ist das, was ich höre, in Übereinstimmung mit dem Charakter Gottes?
2. Ist das, was ich höre, in Übereinstimmung mit der Bibel?
3. Wird das, was ich höre, auch von anderen Menschen bestätigt, die auf Gott hören?
4. Dient das, was Gott mir sagt, anderen Menschen? Oder schränkt es sie ein, belastet es sie, drückt es sie nieder? Führt es in die Freiheit? (Denn Gott zwingt keinen Menschen, auch nicht durch prophetische Eindrücke.)
5. Gibt es Gott die Ehre?

Bei den ersten Christen war das gemeinsame Hören auf Gott ganz normal. Sie erwarteten, dass Gott zu ihnen redete. In besonderen Situationen setzten sie sich sogar alle gemeinsam dafür ein, Gottes Stimme wahrzunehmen. In der Gemeinde in Antiochia geschah Folgendes: *Als sie Gott den Herrn anbeteten und dabei fasteten, sprach der heilige Gottesgeist zu ihnen: »Stellt mir Barnabas und Saulus ganz zur Verfügung für die Aufgabe, in die ich sie hineingerufen habe!« Dann fasteten und beteten sie, legten die Hände auf sie und schickten sie los (Apostelgeschichte 13,2-3; DBU).* Eine Gemeinde sucht durch Beten und Fasten gemeinsam nach Gottes Willen. Und Gott redet mit ihr, gibt ihr Anweisungen. Und die Gemeinde gehorcht.

So ähnlich haben wir es erlebt, als unsere Lebensgemeinschaft, die den Christus-Treff gegründet hat, vor einer großen Entscheidung stand. Wir mussten uns entscheiden, ob wir ein Gebäude für die wachsende Arbeit kaufen sollten, durch das wir uns stark verschulden würden und das uns durch die nötigen Umbauten lange Zeit beschäftigen würde. Wochenlang fanden Diskussionen und Gespräche statt. Wir überlegten hin und her. Ohne Ergebnis. Doch dann entschieden wir uns, eine Woche lang zu fasten (wobei jeder selbst entscheiden konnte, worauf er verzichten wollte) und zu beten. Danach trafen wir uns. Jeder sollte nur noch Ja oder Nein sagen. Keine Argumente mehr, denn die hatten wir ausführlichst besprochen, nur noch das, was jede und jeder von Gott gehört hatte. Die Runde begann und alle sagten Ja – selbst die, die vorher die stärksten Gegenargumente gehabt hatten. Wir haben diesem Reden Gottes gehorcht, das Haus gekauft und können uns heute unsere Arbeit ohne diese Räume gar nicht mehr vorstellen. (EW)

Stille praktisch:

Hören Sie im Gottesdienst wirklich hin, was Gott Ihnen sagen will? Haben Sie heute schon hingehört? Nehmen Sie sich Zeit, einfach mal die Augen zu schließen und Gott zu fragen: »Gibt es irgendetwas, das du mir heute sagen willst? Vielleicht für jemand anderen? Ich will lernen, deine Stimme zu erkennen.« Schreiben Sie auf, was Sie hören oder innerlich sehen. Prüfen Sie, ob es mit der Bibel übereinstimmt. Fragen Sie Gott, ob es für Sie selbst ist oder für jemand anderen.

Der Gedanke des Tages:

*»Wir müssen bereit werden,
uns von Gott unterbrechen zu lassen.«
(Dietrich Bonhoeffer)*

Höre, mein Sohn, und nimm an meine Rede, so werden deine Jahre viel werden. Ich will dich den Weg der Weisheit führen; ich will dich auf rechter Bahn leiten, dass, wenn du gehst, dein Gang dir nicht sauer werde, und wenn du läufst, du nicht strauchelst. Bleibe in der Unterweisung, lass nicht ab davon; bewahre sie, denn sie ist dein Leben.

Sprüche 4,10-13 (LUT)

Viele Stimmen, aber nur eine zählt

Eine junge Frau in England hat den Eindruck, dass sie Gott in Hongkong dienen soll. Sie bewirbt sich bei Missionsgesellschaften, doch keine sucht eine Musiklehrerin. Jackie Pullinger, so ist ihr Name, fragt ihren Pastor um Rat. Er empfiehlt ihr Folgendes: Sie soll ein Ticket für eine Schiffsreise um die Welt kaufen und dort haltmachen, wo Gott es ihr sagt. Jackie lässt sich darauf ein und ein großes Abenteuer beginnt. In Hongkong steigt sie aus. Es ist schwer, sie schlägt sich als Musiklehrerin durch, bis sie ihre eigentliche Berufung findet: unter den Drogenabhängigen im Stadtteil Kowloon in der »Ummauerten Stadt«. So nannte man ein Gebiet nahe des damaligen Flughafens mitten in der Stadt. Die Polizei betrat dieses Gebiet nicht mehr, weil es zu gefährlich war. So konnten dort Drogendealer und kriminelle Banden ungehindert ihre Geschäfte führen. Jackie unterrichtete an einer Schule. Aber sie begann auch, mit den Gangsterbossen und Drogendealern zu reden, ihnen von Jesus zu erzählen. So konnte sie viele der heroinabhängigen Menschen mit dem Evangelium erreichen. Sie betete mit denen, die von den Drogen frei werden wollten. Und sie hatte Erfolg damit. Die Menschen nahmen Jesu Hilfe an und wurden frei. Dabei hatten sie kaum

Entzugserscheinungen, weil die Mitarbeiter von Jackie rund um die Uhr bei ihnen waren und für sie beteten.

Aus den kleinen Anfängen damals ist eine große und von Staat und Kirche anerkannte Drogenrehabilitation geworden, die St. Stephen Society. Jackie hatte das leise Reden Gottes gehört und sich nicht von Menschen davon abbringen lassen, genau das zu tun, wozu Gott sie berufen hatte. Bis heute hat sie Hunderten Menschen geholfen, von den härtesten Drogen loszukommen. In ihrer Biografie *Licht im Vorhof der Hölle* (erschienen bei Gerth Medien) kann man ihre Geschichte nachlesen.

Samuel hatte ebenfalls keinen einfachen Auftrag als Prophet. Das Volk Gottes war nicht bereit, auf ihn zu hören. Oder besser gesagt: auf Gott zu hören. Stattdessen kam es zu ihm mit der Idee, einen König zu krönen, so wie die Völker um sie herum, die alle von Königen beherrscht wurden.

> Jackie hatte das leise Reden Gottes gehört und sich nicht von Menschen davon abbringen lassen, genau das zu tun, wozu Gott sie berufen hatte.

Samuel hielt das für keine gute Idee und auch Gott warnte das Volk, dass das ein Schritt in die falsche Richtung sei. Sie sollten sich allein auf Gott verlassen, nicht auf einen Menschen. Doch sie blieben bei ihrer Entscheidung. Sie wollten lieber einen Menschen über sich herrschen lassen, jemanden zum Anfassen, als sich allein auf Gott zu verlassen, der ihr einziger und wahrer König sein wollte. Gott sprach zu und durch Samuel, gab aber letztlich dem Wunsch des Volkes nach.

Im Laufe der Kirchengeschichte gab es immer wieder Erweckungen. Und immer wieder kann man sehen, dass aus einer geistlichen Bewegung nach etlichen Jahren eine Organisation mit einer mehr oder weniger straffen Hierarchie geworden ist, in der Menschen über Menschen herrschen. Ein kleines »Königreich« ist entstanden. Es gibt geistliche Ämter, deren Inhaber Autorität über andere Christen haben. Statt Menschen zu lehren, direkt mit Gott in Kontakt zu sein, werden Systeme geschaffen, in denen zwischen Laien und Experten unterschieden wird und in denen die Laien Gottes Stimme nur noch durch Priester und Pastoren hören können. Die gabenorientierte Zusammenarbeit innerhalb der Bewegung wird durch Ämter und Machtpositionen ersetzt, Frauen werden an die Seite gedrängt, Konkurrenz und Machtgerangel sind an der Tagesordnung.

Wir als Christen sollten mündige Menschen sein, die in ihrem Gewissen an Gott und sein Wort gebunden sind, nicht an Traditionen und menschliche Gebote. Tradition hat ihren berechtigten Platz in jeder Bewegung. Aber sie darf nicht über Menschen herrschen, sie darf nicht an die Stelle von Gott oder sogar über Gott gestellt werden.

> Statt Menschen zu lehren, direkt mit Gott in Kontakt zu sein, werden Systeme geschaffen, in denen zwischen Laien und Experten unterschieden wird und in denen die Laien Gottes Stimme nur noch durch Priester und Pastoren hören können.

Nehmen wir einmal an, jemand hat eine Idee für ein neues Projekt, das er der Gemeindeleitung vorstellt. Da heißt es schnell: »Das kann nichts werden.« – »Das haben wir noch nie gemacht«, oder: »Das haben wir schon immer so gemacht!« Statt Ermutigung und Offenheit für Neues gibt es oft Zurückweisung und Entmutigung. Hätte Jackie Pullinger auf Menschen gehört, hätte sie nach all den Ablehnungen durch die Missionsgesellschaften aufgegeben. Sie hätte wahrscheinlich ihren Platz in irgendeiner Gemeinde in England eingenommen und wäre sicher eine gute Mitarbeiterin gewesen. Aber sie hätte nicht getan, was Gott eigentlich von ihr wollte! Doch sie hat auf die Stimme Gottes in ihrem Inneren gehört. Und sie hat sich von ihm führen lassen. Schritt für Schritt. (EW)

Stille praktisch:

Hören Sie hin, was Gott Ihnen aufs Herz
legt. Wo gehorchen Sie dem Reden Got-
tes und wo lassen Sie sich vom Urteil
anderer Menschen entmutigen?
Wofür schlägt Ihr Herz? Können Sie
das in Ihrer Gemeinde einbringen? Werden Sie dort ermutigt?

Was könnte alles geschehen, wenn wir als Gemeinden und als
Einzelne wieder hinhören würden, was Gott von uns will? Ein Ri-
siko eingehen, Gott mehr gehorchen als den Menschen? Ich bin si-
cher, das wäre ein Stück vom Himmel auf Erden. Machen Sie mit?

Der Gedanke des Tages:

»Die Hoffnung, die das Risiko scheut, ist keine Hoffnung.
Hoffen heißt, an das Abenteuer der Liebe glauben,
Vertrauen zu den Menschen haben, den Sprung ins
Ungewisse tun und sich ganz Gott überlassen.«
(Dom Helder Pessoa Camara)

Ich sage euch: Jeder, der sich vor den Menschen öffentlich zu mir stellt, zu dem wird sich auch der Menschensohn vor den mächtigen Gottesengeln stellen. Wer sich aber vor den Menschen von mir distanziert, der wird auch vor den Gottesengeln abgewiesen werden.

Lukas 12,8-9 (DBU)

Ganz und gar

Vor einigen Jahren saßen mein Mann und ich mit einer kleinen Reisegruppe mitten im Winter in einer engen Küche in einem muslimischen Land. Ein offenes Feuer in einer Ecke, Töpfe und Pfannen in einer anderen Ecke. Alle hockten sich zur Köchin in die Nähe des Feuers, denn das war bei den kalten Außentemperaturen und dem scharfen Wind der wärmste Ort im ganzen Haus. Die Nachricht, dass ausländische Gäste eingekehrt waren, sprach sich herum wie ein Lauffeuer. Immer mehr Gäste bevölkerten die Küche. Eine große Schüssel wurde in die Mitte auf den Boden gestellt. Alle wuschen sich die Hände. Die Köchin strahlte uns an und sagte: »Ich habe euch im Haus der deutschen Krankenschwester singen gehört. Würdet ihr auch bei uns vor dem Essen ein Lied singen?« Wir sangen ein arabisches Lied, das wir in Deutschland als Vorbereitung auf die Reise auswendig gelernt hatten. Ein Mann beugte sich nach Ende des Liedes zu uns herüber und sagte: »Ihr hört euch an wie Radio Monte Carlo.« Er meinte damit die christlichen Sendungen, die von Radio Monte Carlo ausgestrahlt werden. »Du hörst diesen Sender?«, fragte mein Mann überrascht. »Ja, viele hier hören die Sendungen. Ich höre sie jeden Tag.« Es war erstaunlich: In einem rein muslimischen Gebiet, in dem es keine einheimischen Christen gibt, hören viele Menschen die christlichen Sendungen von Radio Monte Carlo in ihrer Sprache! Der Mann bat uns, noch mehr zu singen. Und wir stimmten das bekannte Lied von Sundar Singh auf Arabisch an: »Ich bin entschieden, zu folgen Jesus. Niemals zurück, niemals zurück.«

Danach erzählte mein Mann von Sadhu Sundar Singh, der 1889 in Indien geboren wurde und in einer wohlhabenden Familie aufwuchs. Sein Vater war Sikh, seine Mutter Hindu. Er ging auf eine Missionsschule, lehnte aber vehement die Lehren der Christen ab. Eines Tages hatte er eine Vision: »Ich blieb bis gegen halb vier Uhr im Gebet und erwartete, Krishna oder Buddha oder irgendeinen anderen Avatara der Hindu-Religion zu sehen. Sie erschienen nicht, dafür erstrahlte aber im Zimmer ein Licht. Ich öffnete die Tür, um zu sehen, woher es komme, aber draußen war alles dunkel. Ich ging wieder hinein, und das Licht wurde immer stärker und nahm die Gestalt einer Lichtkugel über dem Fußboden an. In diesem Licht erschien nicht die Gestalt, die ich erwartete, sondern – der lebendige Christus,

> Es war erstaunlich: In einem rein muslimischen Gebiet, in dem es keine einheimischen Christen gibt, hören viele Menschen die christlichen Sendungen von Radio Monte Carlo in ihrer Sprache!

den ich für tot gehalten hatte. Bis in alle Ewigkeit werde ich nie sein herrliches und liebendes Gesicht vergessen noch die wenigen Worte, die er sprach: ›Warum verfolgst du mich? Siehe, ich bin am Kreuz für dich und für die ganze Welt gestorben.‹ Diese Worte wurden wie mit einem Blitz in mein Herz gebrannt und ich fiel vor ihm zu Boden. Mein Herz war mit unaussprechlicher Freude und Frieden erfüllt und mein ganzes Leben war vollständig verwandelt. Da starb der alte Sundar Singh und ein neuer Sundar Singh wurde geboren, damit er dem lebendigen Christus diene.«[1]

---

1) Aus: Sadhu Sundar Singh, gesammelte Schriften, übersetzt von Friso Melzer, Evang. Missionsverlag GmbH Stuttgart 1969, S. 300 ff.

Sundar wurde ein Prediger des Evangeliums und lebte wie ein Sadhu, ein Asket, der von Ort zu Ort zieht. Mehrmals überlebte er Attentate auf sein Leben. Er wurde für verrückt erklärt und verfolgt, weil er an Jesus glaubte. Auf einer Missionsreise nach Tibet im Jahr 1929 verliert sich seine Spur. Entweder verstarb er an einer Krankheit oder er wurde um seines Glaubens willen getötet. Mit der Lebensgeschichte von Sadhu Sundar Singh wollte mein Mann den Menschen Mut machen, die heimlich den christlichen Sender hörten und die wussten, dass es sie ihr Leben kosten konnte, wenn sie sich zu Christus bekannten und dem Islam den Rücken kehrten.

> **Wir leben als Christen wie alle anderen Menschen und wollen nicht auffallen, wollen sein wie die anderen.**

Vielleicht ist das nicht gerade unsere persönliche Gefahr, für den Glauben an Jesus getötet zu werden. Dennoch müssen wir wissen, dass es vielen Menschen in dieser Welt so geht wie damals Sadhu Sundar Singh. Sie werden verfolgt, weil sie Jesus nachfolgen. In einigen Teilen der Welt sitzen Menschen in Arbeitslagern oder Gefängnissen, werden gefoltert, von ihren Familien getrennt, mit dem Tod bedroht oder sogar umgebracht, weil sie Christen geworden sind.

Im Neuen Testament lesen wir, dass schon die ersten Christen als Gefahr für die damaligen Gesellschaften gesehen wurden. In Apostelgeschichte 17,6 steht: *Da schleppten sie Jason und einige andere Christen zu den Stadtoberen und riefen: »Diese Leute, die die ganze bewohnte Welt auf den Kopf stellen, die sind jetzt auch hier aufgetaucht!« (DBU)*. Was hatten die Christen getan, dass sie in Verdacht geraten waren, alles durcheinanderzubringen? Sie hatten Jesus verkündet, den wahren Herrn der Welt. Solch ein Glaube unterminiert die Herrschaftssysteme dieser Welt.

Welche Kraft in der Nachfolge Jesu steckt, ist uns oft gar nicht bewusst. Wir leben als Christen wie alle anderen Menschen und wollen nicht auffallen, wollen sein wie die anderen. Doch Nachfolge heißt: ganz und gar an Jesus glauben, ganz und gar ihm gehören, ganz und gar tun, was er sagt. Auch wenn es viel kostet, auch wenn es alles kostet. (EW)

Stille praktisch:

Denken Sie einmal nach: Was kostet es Sie, dass Sie Christ sind? Vielleicht werden Sie am Arbeitsplatz belächelt als »frommer Mensch«, vielleicht bekommen Sie Probleme mit anderen, weil Sie Gott an die erste Stelle setzen? Was darf es denn kosten, Jesus nachzufolgen? Was wären Sie bereit, als Christ in die Waagschale zu werfen? Darf es Sie überhaupt etwas kosten, Jesus zu folgen?

Lesen Sie das Lied von Sadhu Sundar Singh und denken Sie darüber nach. Sie können es natürlich auch singen:

Ich bin entschieden, zu folgen Jesus,
ich bin entschieden, zu folgen Jesus,
ich bin entschieden, zu folgen Jesus.
Niemals zurück, niemals zurück.
Ob niemand mit mir geht, doch will ich folgen,
ob niemand mit mir geht, doch will ich folgen,
ob niemand mit mir geht, doch will ich folgen.
Niemals zurück, niemals zurück.
Die Welt liegt hinter mir, das Kreuz steht vor mir,
die Welt liegt hinter mir, das Kreuz steht vor mir,
die Welt liegt hinter mir, das Kreuz steht vor mir.
Niemals zurück, niemals zurück.

Der Gedanke des Tages:

»Je mehr Verfolgung, umso offensichtlicher wird die Wahrheit.«
(Leo Nikolajewitsch Graf Tolstoi)

»Was die Erde für den Baum ist,
ist die Stille für die Seele.«

Magnus Malm

4. Woche

Stilles Staunen

Die Größe Gottes in der Stille erleben

Denn Gott war in Christus und versöhnte so die Welt mit sich selbst und rechnete den Menschen ihre Sünden nicht mehr an. Das ist die herrliche Botschaft der Versöhnung, die er uns anvertraut hat, damit wir sie anderen verkünden. So sind wir Botschafter Christi, und Gott gebraucht uns, um durch uns zu sprechen. Wir bitten inständig, so als würde Christus es persönlich tun: »Lasst euch mit Gott versöhnen!« Denn Gott machte Christus, der nie gesündigt hat, zum Opfer für unsere Sünden, damit wir durch ihn vor Gott gerechtfertigt werden können.

2. Korinther 5,19-21 (NLB)

Erstaunt – weil Gottes Liebe Menschen rettet!

Immer wieder werden wir in der Bibel dazu aufgefordert, eine freie, nicht erzwungene Entscheidung zu treffen. Gott lädt uns ein. Er macht uns ein unvergleichliches Angebot: *Ich bin als das Licht in die Welt gekommen, damit jeder, der an mich glaubt, nicht länger in der Dunkelheit leben muss (Johannes 12,46; HFA).* Wo immer wir uns darauf einlassen, verändert sich etwas. Wenn wir der Aufforderung des Apostels nachkommen: *Lasst euch mit Gott versöhnen,* werden wir davon überrascht, was plötzlich möglich ist. Wir staunen und beten an!

Das verändert alles. Deshalb, mit allem Nachdruck: Denken Sie daran. Heute beginnt der Rest Ihres Lebens. Vergeuden Sie nicht einen Tag! Wenn ein Sturm durch die Stadt fegt, dann ist das nicht der Zeitpunkt, anzuhalten und Kaffee zu trinken. Lassen Sie das Alte hinter sich, Werte, die Sie nie überzeugt haben, sterile Rechtgläubigkeit, die nur Nerven gekostet hat. Die alte Zeit ist vorbei, Gott will in Ihr Leben kommen, Gott will retten.

Es gibt eine Frau in der Bibel, die für diese Veränderung steht: Maria, die Mutter Jesu. Mit ihr wollen wir uns diese Woche ein wenig näher beschäftigen. Eines Morgens beschließt sie, es zu wagen. Auf geheimnisvolle Weise wird sie vom Geist Gottes angerührt, der ihr eine unglaubliche Botschaft überbringt: Sie wird schwanger werden und den Sohn Gottes zur Welt bringen! In der Stille begegnet ihr Gott und flüstert ihr zu: »Jetzt ist es Zeit!« Er fragt: »Willst du mir nachfolgen?« Für Maria ist das eine klare Sache. Als sie sich entscheiden muss, ist ihre Antwort eindeutig: *Ich will mich Gott ganz zur Verfügung stellen (Lukas 1,38; HFA).* Das verändert ihr Leben nachhaltig, mehr, als sie es sich zu diesem Zeitpunkt vorstellen kann. Es ist einfach so: Die Liebe Christi fordert eine Entscheidung,und sie fordert Vertrauen.

> **Die Liebe Christi fordert eine Entscheidung und sie fordert Vertrauen.**

Ein zweistöckiges Haus war in Brand geraten. Die Familie – Vater, Mutter und mehrere Kinder waren auf dem Weg ins Freie, als der kleine Junge sich losriss und zurück in sein Zimmer lief. Er hatte seinen Teddy vergessen. Wenig später tauchte er in einem der qualmenden Fenster im ersten Stock auf und schrie verzweifelt.

Der Vater rief zu ihm hinauf: »Spring Junge, spring, ich fange dich!«

»Aber ich kann dich nicht sehen, Papa.«

»Ich weiß«, rief der Vater, »aber ich kann *dich* sehen.«

Glaube ist wie ein Sprung in die offenen Arme des Vaters, der uns sieht! Aber das ist nicht so einfach. In uns gibt es einen großen Widerstand, Gott zu vertrauen. Zu viel ist schiefgegangen. Sünde trennt uns von Gottes Gegenwart. Ganz tief in unserem Herzen ahnen wir: Wenn es ihn wirklich gibt, dann habe ich keine Chance. Wie soll ich vor Gott bestehen können? Brennan Manning schreibt in einem seiner Bücher: »Wer das Gefühl hat, sein Leben sei für Gott eine große Enttäuschung, braucht enormes Vertrauen und eine unbekümmerte, starke Gewissheit, um zu akzeptieren, dass die Liebe Jesu zu ihm auch nicht den Hauch von Veränderung oder Abschwächung kennt.«

Es ist die Einladung Jesu, die es leicht macht, umzukehren. Es ist der Ruf des Retters: *Kommt alle her zu mir, die ihr euch abmüht und unter eurer Last leidet! Ich werde euch Ruhe geben (Matthäus 11,28; HFA).* Das ist nichts für Stolze. Das ist nichts für harte, unbeugsame Herzen. Das ist nur etwas für Leute, die eines erkannt haben: Ich brauche den Heiland. Die Reaktion auf die Liebe Gottes erfordert also neben einer Entscheidung vor allem Vertrauen. Nehmen wir Gottes Vergebung und seine Einladung, neu anzufangen, ernst?

> Nachfolge bedeutet, dass Männer und Frauen, junge und alte Leute zu Jesus kommen und mit großem Vertrauen Gott anbeten, weil er rettet, weil er vergibt.

In einer großen Gemeinde lebte eine Frau, die in ihrer Kirche den Ruf hatte, einen besonders »heißen Draht« nach oben zu haben. Davon hörte auch der Bischof. Er besuchte sie und sagte:

»Liebe Frau, stimmt es, dass Sie mit Gott reden können, so richtig, meine ich?«

»Ja«, erwiderte die Frau schlicht und ergreifend.

»Nun«, sagte der Bischof, »wenn Sie das nächste Mal beten, könnten Sie da Jesus nicht mal fragen, welche Sünden ich bei meiner letzten Beichte bekannt habe?«

Die Frau war leicht schockiert. »Wenn ich Sie recht verstehe, Bischof, soll ich Jesus nach den Sünden Ihrer Vergangenheit befragen?!«

»Genau«, sagte der Bischof, der so herausbekommen wollte, ob die Gerüchte über diese fromme Frau stimmten.

Zehn Tage später rief die Frau den Bischof an und lud ihn zu sich ein. Er kam sofort und fragte: »Nun, was hat Jesus gesagt?«

Die Frau antwortete: »Ich habe Jesus nach den Sünden gefragt, die Sie bei der letzten Beichte genannt haben, so wie Sie es wollten.« Lauernd schaute der Bischof sie an: »Und, was hat er gesagt?«

Sie nahm seine Hand, blickte ihm gerade in die Augen und sagte: »Bischof, er hat genau Folgendes gesagt: ›Ich kann mich nicht erinnern!‹«

Nachfolge bedeutet, dass Männer und Frauen, junge und alte Leute zu Jesus kommen und mit großem Vertrauen Gott anbeten, weil er rettet, weil er vergibt. Gott sagt: *»Eure Sünden sind blutrot, und doch sollt ihr schneeweiß werden. Sie sind so rot wie Purpur, und doch will ich euch rein waschen wie weiße Wolle.«* *(Jesaja 1,18; HFA)* (KGP)

Stille praktisch:

Wenn Sie heute ein paar Minuten Zeit haben, dann denken Sie über das nach, was Maria für sich sagen konnte: »Ich will mich Gott ganz zur Verfügung stellen.«

Stellen Sie sich selbst die Frage: »Wie ist das bei mir? Will ich das? Kann ich das? Wovor habe ich Angst?«

Vielleicht beten Sie: »Vater im Himmel, Veränderungen machen mir Angst. Dir ganz zu gehören, macht mir Angst, denn ich weiß nicht, was dann passiert. Zu meiner Sünde zu stehen, macht mir Angst. Hilf mir, dir ganz neu zu vertrauen. Danke, dass deine Liebe zu mir nie weniger geworden ist. Auch wenn es vielleicht nicht sehr überzeugend klingt, will ich es dir doch ganz neu sagen: Ich gehöre dir.«

Der Gedanke des Tages:

»Ich will mich Gott ganz zur Verfügung stellen.«
(Lukas 1,38; HFA)

119

Maria erwiderte: »Gelobt sei der Herr! Wie freue ich mich an Gott, meinem Retter! Er hat seiner unbedeutenden Magd Beachtung geschenkt, darum werden mich die Menschen in alle Ewigkeit preisen. Denn er, der Mächtige, ist heilig, und er hat Großes für mich getan. Seine Barmherzigkeit gilt von Generation zu Generation allen, die ihn ehren. Sein mächtiger Arm vollbringt Wunder! Wie er die Stolzen und Hochmütigen zerstreut! Er hat Fürsten vom Thron gestürzt und niedrig Stehende erhöht. Die Hungrigen hat er mit Gutem gesättigt und die Reichen mit leeren Händen fortgeschickt. Und nun hat er seinem Diener Israel geholfen! Er hat seine Verheißung nicht vergessen, barmherzig zu sein, wie er es unseren Vorfahren – Abraham und seinen Kindern – immer verheißen hat.«

Lukas 1,46-55 (NLB)

Erstaunt – weil wir für Gott unendlich wertvoll sind!

Maria war noch eine ganz junge Frau, als ihr das Beste passierte, was einem Menschen überhaupt passieren kann: Gott begegnete ihr. Sie war nichts Besonderes, stammte aus keiner bekannten Familie, aber als sie die Erfahrung machte, dass Gott sich um sie kümmerte, änderte sich ihr Leben grundlegend. Sie lernte Gott kennen als einen Gott, der sich der Niedrigen, der Unbekannten annimmt und ihnen eine unglaubliche Würde und Bedeutung zumisst. Maria reagiert mit dankbarer Anbetung, die sie in einem Lied ausdrückt, das in die Geschichte eingegangen ist und das Sie gerade gelesen haben: »Von ganzem Herzen preise ich den Herrn.« Die alte Kirche hat es das »Magnificat« genannt. Schaut man genau hin, dann entdeckt man, dass dieses Lied quasi aus drei Strophen besteht. Die erste trägt die Überschrift:

Gott ist ein Gott, der uns wirklich liebt

Gelobt sei der Herr! Wie freue ich mich an Gott, meinem Retter! Er hat seiner unbedeutenden Magd Beachtung geschenkt, darum werden mich die Menschen in alle Ewigkeit preisen. Denn er, der Mächtige, ist heilig, und er hat Großes für mich getan.

Maria konnte es nicht fassen: *Gelobt sei der Herr! Wie freue ich mich an Gott, meinem Retter!* Sie hatte diese Begegnung mit Gott nicht mehr verdient als andere auch, aber er hatte gerade sie auserwählt. Wir sagen oft: »Er liebt mich trotz meiner Schuld, er liebt mich trotz meiner Fehler, er liebt mich trotz meiner Sünde.« Das stimmt, ist aber nicht alles. Gott liebt uns *in* unserer Niedrigkeit, so, wie wir sind, vorbehaltlos, aufrichtig! Nicht nur trotz unserer Fehler.

> Sie lernte Gott kennen als einen Gott, der sich der Niedrigen, der Unbekannten annimmt und ihnen eine unglaubliche Würde und Bedeutung zumisst.

Es war ein strahlender Sommertag. Ich war irgendwo in Süddeutschland, um mich zu erholen, aber es ging mir gar nicht gut dabei. Es waren Dinge in meinem Leben passiert, die ich nicht einordnen konnte. Gott war für mich so weit weg. Bei einer Fahrradtour klagte ich: »Lieber Gott, wenn ich mich um meine Kinder so schlecht kümmern würde, wie du dich um mich – die würden sich aber ganz schön bedanken.« Innerlich zerrissen und verzweifelt kam ich in die kleine Stadt, in der ich wohnte, zurück. Eine Mutter mit zwei kleinen Kindern kam mir entgegen und ich hörte eins der Kinder singen: »Gott liebt dich, Gott liebt dich, Gott liebt dich doch!« Mitten auf der Straße, einfach so, in Mittelfranken. Das hat bei mir eingeschlagen. Meine Anbetung bestand anschließend mehr aus Tränen, als aus Worten. Gott ist ein Gott, der uns wirklich liebt!

Kommen wir zur zweiten Strophe von Marias Lied:

Gott ist ein Gott voller Erbarmen

Seine Barmherzigkeit gilt von Generation zu Generation allen, die ihn ehren. Sein mächtiger Arm vollbringt Wunder!

> Maria besingt, was auch wir immer wieder erfahren können: Gott steht zu uns, egal, wie wir uns verhalten.

Maria machte die Erfahrung, dass Gott uns nicht aufgegeben, nicht vergessen hat. Wie oft haben wir schon gegen Gott rebelliert? Wie oft seine Güte mit Füßen getreten? Immer und immer wieder haben wir ihm das Herz gebrochen. Maria besingt, was auch wir immer wieder erfahren können: Gott steht zu uns, egal, wie wir uns verhalten. Das ist gar nicht so leicht zu glauben. Schon als Kinder haben wir immer wieder gehört: »Wenn du nicht artig bist, dann kommt der Weihnachtsmann nicht und dann bekommst du kein Geschenk, sondern eins mit der Rute!« Mir scheint, wenn Gott sein Kommen auf diese Welt davon abhängig gemacht hätte, dass wir artig sind, dann wäre er nie gekommen! Doch er ist gekommen, und wir leben von seiner Barmherzigkeit. Das lässt uns anbeten.

Noch eine dritte Strophe hat das Lied der Maria:

Gott ist ein Gott, der die Gerechtigkeit liebt

Wie er die Stolzen und Hochmütigen zerstreut! Er hat Fürsten vom Thron gestürzt und niedrig Stehende erhöht. Die Hungrigen hat er mit Gutem gesättigt und die Reichen mit leeren Händen fortgeschickt. Und nun hat er seinem Diener Israel geholfen! Er hat seine Verheißung nicht vergessen, barmherzig zu sein, wie er es unseren Vorfahren – Abraham und seinen Kindern – immer verheißen hat.

Maria konnte ihre Erwählung nur so verstehen: Gott erbarmt sich über die Geringen, achtet die, die ein demütiges Herz haben. Den Stolzen widersteht er. Wir denken vielleicht: Es lohnt sich nicht mehr, ehrlich zu sein. Wer sieht schon meine Anstrengungen? Wer sieht den Vater, der sich noch Mühe gibt in der Erziehung seiner Kinder, der mit ihnen betet und ihnen aus der Bibel vorliest? Wer sieht die Mutter, die ihre beste Zeit in ihre Familie investiert und so selten ein Dankeschön dafür bekommt? Wer sieht den Ehemann, der einer attraktiven Frau widersteht, weil er seiner Partnerin treu ist? Wer sieht die alte Dame, die sich so uneigennützig um ihre kranke Nachbarin kümmert? Wer bekommt ein Dankeschön vom Finanzamt, weil er bei der Steuererklärung nicht betrogen hat? Wer sieht das denn schon?

> **Wir denken vielleicht: Es lohnt sich nicht mehr, ehrlich zu sein. Wer sieht schon meine Anstrengungen?**

Gott sieht es! Er sieht es und er freut sich über Ihr Bemühen. Er vergisst das nicht. Er hat eine junge Frau erwählt, eine einfache Frau, und diese Frau hatte nur eine Qualifikation: Sie antwortete dem Engel, der ihr Gottes Plan für ihr Leben mitteilte, mit dem einfachen Satz: *Ich will mich Gott ganz zur Verfügung stellen. Alles soll so geschehen, wie du es gesagt hast (Lukas 1,38; HFA).* (KGP)

Stille praktisch:

Vielleicht gehen Sie jetzt auch eine Runde spazieren und sagen Gott, dass Sie ihn lieben, dass Sie einfach berührt sind von seiner Güte und Treue. Und wenn

Ihnen die Worte fehlen, dann beten Sie mit Paul Gerhard: »Ich sehe dich mit Freuden an und kann nicht satt mich sehen; und weil ich nun nicht weiter kann, bleib ich anbetend stehen. O dass mein Sinn ein Abgrund wär und meine Seel ein weites Meer, dass ich dich möchte fassen.«

Der Gedanke des Tages:

»Die größte Ehre, die wir dem allmächtigen Gott geben können,
besteht darin, froh zu leben in dem Wissen um seine Liebe.«
(Juliana von Norwich)

Wie groß ist doch Gott! Wie unendlich sein Reichtum, seine Weisheit, wie tief seine Gedanken! Wie unbegreiflich für uns seine Entscheidungen und seine Pläne! Denn wer könnte jemals Gottes Absichten erkennen? Wer könnte ihm raten? Oder: Wer hätte Gott jemals etwas gegeben, das er von ihm zurückfordern könnte? Denn alles kommt von ihm, alles lebt durch ihn, alles vollendet sich in ihm. Ihm sei Lob und Ehre für immer und ewig. Amen.
Römer 11,33-36 (HFA)

Erstaunt – weil Gott uns zum Staunen bringt!

Staunen über Gott, Staunen über seine Schöpfung – können wir das eigentlich noch? Ich erinnere mich an einen herrlichen Tag im Berner Oberland. Wir sind mit der Bahn auf die Schinigger Platte gefahren. Die Sonne schien. Unter uns lag der Thuner See, vor uns das beeindruckende Panorama der Brienzer Berge. Ein Gleichgültiger sieht das alles, bohrt in der Nase und schmeißt die leere Cola-Dose ins Gebüsch. Ein staunender Mensch steht davor, kämpft mit den Tränen und murmelt: »Danke Herr.«

Wie viele Menschen in unseren Tagen haben das Staunen verlernt. Die tägliche Berieselung durch das Fernsehen hat unsere Sinne betäubt, die Welt entzaubert! Wir sind erwachsen geworden. Wer zeigt noch begeistert auf den Regenbogen und atmet entzückt den Duft der Rose ein? Unsere Kids schwärmen von der neuen Playstation, wir vom neuen Handy – dagegen hat der Regenbogen keine Chance. Der Duft der Rose geht unter im Meer der synthetischen Gerüche. Über all unserem menschlichen Vermögen wird Gott überflüssig. Wir haben scheinbar alles im Griff.

Wenn es in meiner Kindheit ein schweres Gewitter gab, dann haben wir uns um den Küchentisch gesetzt, meine Großmutter hat ein Gebet gesprochen, wir haben uns winzig und klein gefühlt und den Donner als Reden Gottes empfunden. Heute sagt uns der Wetterbericht, was wir davon zu halten haben. Wir sehen alles auf den Satellitenfotos und sind versichert!

Worüber staunen wir noch? Die einsame Wolke, die vor dem Mond dahinschwebt, sehen wir nicht, weil gerade »Wetten, dass ...?« läuft. Die wilden Brombeeren vergammeln, weil Schwartau für uns geerntet hat. Das Fleisch ist abgepackt, der Fisch tiefgefroren, die Erdbeeren kommen aus Südafrika. Wo sind die Augenblicke, in denen wir innehalten und staunen? In denen wir Gottes Spuren entdecken in den großen und kleinen Dingen dieser Welt?

> **Die tägliche Berieselung durch das Fernsehen hat unsere Sinne betäubt, die Welt entzaubert!**

Als in dieser Nacht, die alles veränderte, die Gäste gegangen waren, das so besondere Baby gestillt war, schliefen alle, nur Maria noch nicht. Von ihr heißt es: *Maria aber behielt alle diese Worte und bewegte sie in ihrem Herzen (Lukas 2,19; LUT)*. Sie wollte noch nicht schlafen. Dazu war später Zeit. Gott hatte sie überrascht, immer wieder, und nun nutzte sie die Stille, um innezuhalten und zu staunen. Sie dachte nach, verarbeitete Gehörtes, betete an.

Können wir das noch, staunen? Gott anbeten über den Wundern, die er tut und die vor unseren Augen geschehen? *Denn alles, aber auch wirklich alles ist von ihm, dem Schöpfer, ausgegangen, besteht durch ihn, und er wird alles vollenden. Ihm gehören Lob und Ehre in alle Ewigkeit (Römer 11,36; HFA)*. Gottes Gegenwart offenbart sich in dieser Welt: im Flug des Bussards, in der sanften Brise und dem wohltuenden Sommerregen, in der Urgewalt einer Sturmflut, in Beethovens fünftem Klavierkonzert, in einem Kind, das im Sand spielt, in einer Frau, der der Wind durchs lange Haar streicht, in dem ersten Grün nach einem langen kalten Winter. Diese Welt besteht nur durch ihn. Zugegeben: Es ist eine gefallene Welt. Wir haben sie schrecklich misshandelt, aber trotzdem können wir immer noch staunen, wenn wir mit offenen Sinnen Gottes Schöpfung wahrnehmen.

Doch was tun wir stattdessen? Wir rennen durch Gottes gute Schöpfung und quasseln pausenlos. Der Walkman ist überall dabei. Wer will da noch staunen? Wer anbeten? Gott kennen bedeutet: innehalten, hinhören, Staunen lernen! Staunen über seine Gnade, seine Liebe, seine Fürsorge. Wenn wir nicht mehr staunen können, bedeutet das, dass wir uns von Gott entfernt haben. Das Leben als Christ wird zu einer lästigen Pflicht! Was ist mit uns passiert, wenn wir am Sonntagmorgen das warme Bett dem Gottesdienst vorziehen? Wenn mit Blick auf unser Gebetsleben Jesus zu uns sagen könnte: »Wer bist du denn – von dir habe ich lange nichts mehr gehört?«

> Gott kennen bedeutet: innehalten, hinhören, Staunen lernen! Staunen über seine Gnade, seine Liebe, seine Fürsorge.

Brennan Manning berichtet in seinem Buch *Größer als unser Herz* von einer Frau, die nach einer Veranstaltung zu ihm kam und sich so sehr wünschte, die Liebe Gottes einmal zu erleben. Sie hatte das Staunen verlernt! Manning betete mit der Frau und verabschiedete sich dann von ihr. Am Tag darauf ging diese Frau am frühen Morgen am Strand spazieren. Eine Frau mit einem halbwüchsigen Jungen lief an ihr vorbei. Plötzlich drehte die fremde Frau sich um, kam auf sie zu, umarmte sie, gab ihr einen Kuss auf die Wange und flüsterte: »Ich hab dich lieb.« Dann ging sie einfach weiter, ohne Kommentar. Die Spaziergängerin hatte die Frau mit dem Kind nie zuvor gesehen, aber als sie nach Hause kam, sagte sie zu Brennan Manning: »Unser Gebet ist erhört worden!«

Vielleicht will Gott Sie an diesem Tag überraschen. Halten Sie die Augen offen. Von Herzen wünsche ich Ihnen eine Begegnung mit ihm, die Sie das Staunen lehrt. (KGP)

Stille praktisch:

Wenn Sie möchten, können Sie das folgende Gebet zu dem Ihren machen:

»Lieber Herr, lass mich das Staunen wieder lernen. Überrasche mich, fülle mich mit Ehrfurcht über die Wunder in deiner Schöpfung. Erfreue mich damit, dass ich sehe, wo du in Menschen gegenwärtig bist, wie Jesus zu mir spricht durch Menschen, die mir begegnen. Erfreue mich immer wieder, auch an diesem Tag, mit deinen zahllosen wunderbaren Dingen. Ich will gar nicht alles verstehen, aber mich gerne von dir überraschen lassen. Ich bete dich an. Amen.«

Der Gedanke des Tages:

»Die geistlich Armen sind von einem tiefen Staunen ergriffen, dass der Schöpfer mit seinen Geschöpfen an einem Tisch sitzt.«
(Brennan Manning)

Jesus Christus gestern und heute und derselbe auch in Ewigkeit.
Lasst euch nicht durch mancherlei und fremde Lehren umtreiben,
denn es ist ein köstlich Ding, dass das Herz fest werde, welches
geschieht durch Gnade.
  Hebräer 13,8-9 (LUT)

Erstaunt – weil er derselbe bleibt!

Zwei ältere Leute lebten in einem Seniorenzentrum, er Witwer, sie Witwe. Sie kannten sich schon eine ganze Weile. Eines Abends saßen sie sich bei einem kleinen Fest an einem Tisch gegenüber. Während der Mahlzeit warf er immer wieder einen Blick in ihre Richtung, und schließlich fasste er sich ein Herz und fragte sie: »Wollen Sie meine Frau werden?« Nach sorgfältigem Nachdenken antwortete sie: »Ja, ja, ich will es!« Später gingen beide auf ihre Zimmer. Am nächsten Morgen erwachte der Witwer ratlos: Hatte sie nun Ja oder Nein gesagt? Er wusste es nicht mehr. Angestrengt grübelte er, aber es wollte keine Erinnerung mehr kommen. Voller Aufregung wählte er ihre Nummer. Erst zögerte er und sagte nur, es sei doch ein sehr schöner Abend gewesen. Dann nahm er seinen ganzen Mut zusammen: »Als ich Sie fragte, ob Sie meine Frau werden wollen, haben Sie da mit Ja oder Nein geantwortet?« Voller Freude vernahm er aus dem Hörer: »Nun, ich habe Ja gesagt, und das von ganzem Herzen.« Dann fuhr sie fort: »Ich bin so froh, dass Sie mich angerufen haben. Ich wusste nämlich nicht mehr, wer mich gefragt hat!«

Wir werden älter, alles verändert sich und dabei wird uns manchmal ganz wehmütig ums Herz, weil wir Beständigkeit lieben und Erreichtes gerne festhalten möchten. Wir müssen Menschen gehen lassen. Für jeden von uns kommt die Stunde, in der wir Abschied nehmen müssen. Der Gedanke macht uns Angst, denn wir sehnen uns nach einer festen Größe in unserem Leben. Was bleibt, wenn alles andere vergeht? Was trägt, wenn alles andere untergeht? Was zählt, wenn alles andere wertlos wird?

Lassen Sie uns nach einer Antwort suchen. Jochen Klepper, Dichter und Schriftsteller, bekennender Christ und Opfer der Nationalsozialisten, schrieb in einem seiner Lieder: »Der du allein der Ew´ge heißt und Anfang, Ziel und Mitte weißt im Fluge unsrer Zeiten; bleib du uns gnädig zugewandt und führe uns an deiner Hand, damit wir sicher schreiten.« In der ganzen Kurzlebigkeit unserer Zeit gewinnen die unveränderlichen Werte umso größere Bedeutung. Der lebendige Gott steht zu seinem Wort und erfüllt seine Verheißung. Er ist die Konstante in der Weltgeschichte und er will auch die Konstante in unserem Leben sein. Derselbe gestern, heute und in Ewigkeit. Schauen wir uns das näher an:

> **Was bleibt, wenn alles andere vergeht? Was trägt, wenn alles andere untergeht? Was zählt, wenn alles andere wertlos wird?**

Er war gestern derselbe

Jesus ist vor 2 000 Jahren auf die Welt gekommen – aber er ist seit Ewigkeiten der Sohn, die zweite Person der Dreieinigkeit. Die Bibel sagt: *Durch ihn hat Gott alles geschaffen. In ihm sind wir vor Grundlegung der Welt erwählt und berufen* (vgl. Kolosser 16; NLB). Und Jesus sagt von sich selbst: *Wahrlich, wahrlich, ich sage euch: Ehe Abraham wurde, bin ich (Johannes 8,58; LUT).* Damit stellt er sich vor als der ewige, unveränderliche Gott mit dem alten Namen JAHWE – *»Ich bin, der ich bin«* (siehe 2. Mose 3,14). Es gibt in unserem Leben eine Konstante, einen, der immer bei uns ist und war und der uns nie enttäuscht hat: Jesus! Einen, der uns verstanden hat, wenn andere nur den Kopf geschüttelt haben: Jesus! Einen, der uns Trost gespendet hat, als niemand anderer da war: Jesus! Einen, der treu war, absolut treu und uns nicht aufgegeben hat, trotz all dem Mist, den wir gebaut haben, der immer mit offenen Armen dastand und auf uns gewartet hat: Jesus! Er war da, auch zu den Zeiten, als wir ihn noch nicht gekannt haben oder auch nichts von ihm gespürt haben.

Er ist heute derselbe

So wichtig die Geschichte ist, so gerne wir uns an glaubensvolle Erfahrungen in der Vergangenheit erinnern – von dem, was war, können wir nicht leben. Ein neuer Tag wartet auf uns, neue Herausforderungen, kleine und große Entscheidungen. An manche Tage werden wir uns kaum wieder erinnern, kleine, unauffällige Tage in gewohnter Routine. An andere wollen wir gar nicht mehr erinnert werden, weil sie sehr notvoll waren, Tage mit Leid und Schmerz. Andere dagegen würden wir am liebsten zurückholen, weil sie so schön gewesen sind.

> **Es gibt in unserem Leben eine Konstante, einen, der immer bei uns ist und war und der uns nie enttäuscht hat: Jesus!**

Ich habe keine Ahnung, was für ein Tag Sie heute erwartet, aber es gilt für diesen Tag: Jesus ist auch heute derselbe. Was immer Sie tun oder lassen, er ist da und macht aus einem ganz gewöhnlichen Tag einen besonderen.

Er ist morgen und in alle Ewigkeit derselbe

Viel mehr als der Blick in die Vergangenheit beschäftigt uns doch die Frage: Was kommt auf uns zu? Was kommt in den nächsten Jahren auf uns zu? Wir wissen es nicht. Der Kirchentag 1950 stand noch ganz unter dem Eindruck der Schrecken der Naziherrschaft über Deutschland. Wie sollten die Menschen weiterleben nach dem Zerbruch, den zerbombten Städten und der schrecklichen Wahrheit über die Konzentrations- und Vernichtungslager? Hinein in die ganze Ratlosigkeit sagte der spätere Bundespräsident Gustav Heinemann: »Die Herren dieser Welt gehen – unser Herr kommt.«

Wir wissen nicht, was auf uns zukommt, aber wir wissen, wer kommt. Wir beten den an, der ewig ist, wir beten Jesus an, weil er derselbe bleibt und unsere Zukunft bei ihm in guten Händen ist. (KGP)

Stille praktisch:

Suchen Sie sich einen ruhigen Platz oder gehen Sie eine Runde spazieren und denken Sie über folgende Fragen nach:

Wo war Gott in meinem Leben derselbe?
Wo ist er es heute?
Wo brauche ich seine Hilfe morgen, übermorgen? Wovor habe ich Angst?

Der Gedanke des Tages:

»Jesus Christus gestern und heute und
derselbe auch in Ewigkeit.«
(Hebräer 13,8; LUT)

Wenn wir untreu sind, bleibt er treu,
denn er kann sich selbst nicht verleugnen.
2. Timotheus 2,13 (NLB)

Erstaunt – weil Gott treu ist!

Treue ist ein Wesenszug Gottes. Er hält zu uns, selbst in Zeiten, in denen wir keinen Gedanken an ihn verschwenden. Gott ist treu – im Gegensatz zu uns. Wie oft haben wir etwas versprochen und nicht gehalten? Wie viele von uns haben eine enttäuschte Liebe hinter sich? Er hat Ihnen den Himmel versprochen. Sie waren für ihn die schönste Frau der Welt, so lange, bis Sie ihn in den Armen einer Anderen erwischt haben ... Sie hat Ihnen Hoffnungen gemacht und dann waren Sie plötzlich nur noch zweite Wahl, als der andere Junge auftauchte ... Einem Bekannten von mir haben sie gekündigt, nach 22 Jahren Betriebszugehörigkeit. Einfach so. Die Firma wurde verkauft. Alte Versprechen waren damit hinfällig geworden.

Wie anders ist Gott. Seine Liebe ist grenzenlos und ewig! Jesus liebt uns, für immer, grenzenlos, unfassbar. Wieder muss ich an Maria denken, die in ihrem Lied anbetend feststellt: *Er hat seine Verheißung nicht vergessen, barmherzig zu sein, wie er es unseren Vorfahren – Abraham und seinen Kindern – immer verheißen hat (Lukas 1,55; NLB).*

Hat Gott die Lust an uns verloren? Gehen wir ihm auf die Nerven? Kann es sein, dass seine Gnade irgendwann ausgeschöpft ist, seine Treue ein Verfallsdatum hat? Nein, niemals. Max Lucado erzählt von einer Missionarin aus Tansania, die morgens bei Dienstantritt einem afrikanischen Pastor begegnet. Als sie ihm einen guten Morgen wünscht, fragt er sie:

»Loben Sie heute Morgen den Herrn, Schwester?«

Etwas betreten antwortet sie: »Nein, heute Morgen nicht. Ich bin heute Morgen ausgeflippt und habe mein Haus sehr zornig verlassen.«

Daraufhin antwortet ihr der Afrikaner: »Hat das Blut Jesu seine Macht verloren?« Und dann geht er still weiter.

Wie ist das bei Ihnen? Glauben Sie, dass Gott Ihre Sünde vergibt und Sie zu ihm kommen dürfen, jederzeit, auch heute? Hat sein Blut noch dieselbe Kraft? Ja, denn er ändert sich nie! Er hat uns ein Versprechen gegeben, und er steht dazu. *Gott ist nicht ein Mensch, dass er lüge, noch ein Menschenkind, dass ihn etwas gereue. Sollte er etwas sagen und nicht tun? Sollte er etwas reden und nicht halten? (4. Mose 23,19; LUT).* Gott ist treu und er hält, was er verspricht – in all den Jahren, bis in Ewigkeit.

> Unsere Brücken halten nicht, unsere Fundamente werden rissig und brechen. Doch wie anders ist das bei Gott!

In der Nähe von Aachen ist am 22. Juni 2005 eine Brücke eingestürzt. Einfach so! Die hölzerne Brücke über die Rur wurde über Nacht zu einer Brücke in die Rur. Jahrzehnte hatte diese Brücke gehalten. Dann ist sie ohne äußere Einwirkung eingestürzt. »Materalermüdung« nennen die Fachleute das.

So geht es uns mit allem in dieser Welt. Unsere Brücken halten nicht, unsere Fundamente werden rissig und brechen. Doch wie anders ist das bei Gott! Gottes Plan erfüllt sich. Er ist der feste Grund, der absolut sichere Halt. Maria, einer einfachen Frau, die überwältigt ist von der Treue Gottes, bleibt nur jubelnde Anbetung. *Seine Barmherzigkeit gilt von Generation zu Generation allen, die ihn ehren. Sein mächtiger Arm vollbringt Wunder! Wie er die Stolzen und Hochmütigen zerstreut! Er hat Fürsten vom Thron gestürzt und niedrig Stehende erhöht (Lukas 1,50-51; NLB).*

Was haben sich Philosophen, Atheisten, Skeptiker und Wissenschaftler Mühe gegeben, die Brücke des Glaubens zu zerstören! Albanien galt als das erste atheistische Land der Welt. Sein Präsident verkündigte kühn den Tod des Christentums. Er ist schon lange tot und die Gemeinden in Albanien blühen. In China haben die roten Garden die Christen zu Tausenden umgebracht. Mao ist tot, die Gemeinden in China leben. Auf 80 Millionen Christen wird die Zahl der Gläubigen dort geschätzt, mit rasant steigender Tendenz.

Gottes Pläne ändern sich nie! Das ganze Weltgeschehen muss sich schlussendlich seinem Plan beugen. Im Himmel werden wir staunen, wie die Momente hier auf Erden, die wir oft nicht verstanden haben, sich zu einem sinnvollen Ganzen zusammenfügen. Die Mitte dieses Planes ist das Kreuz. Hier läuft alles zusammen. Niemals wird es seine Kraft verlieren.

> Doch eines Tages wird sich für uns alles ändern. Wir werden von dieser Welt in die jenseitige kommen. Wir werden den König sehen in seiner ganzen Schönheit.

Es ist richtig – in dieser Welt verändert sich alles. Der Tod macht vor keiner Familie Halt. Der Ruhestand holt jeden Angestellten ein. Wir werden alle älter und man sieht es – daran ändern alle Feuchtigkeitscremes dieser Welt nichts. Doch eines Tages wird sich für uns alles ändern. Wir werden von dieser Welt in die jenseitige kommen. Wir werden den König sehen in seiner ganzen Schönheit. Ich wage nicht zu beschreiben, was dann kommt, nur so viel steht fest: Es wird schöner, herrlicher sein als in unseren kühnsten Träumen. Das hat uns der treue Gott nämlich versprochen: *Kein Auge hat je gesehen, kein Ohr je gehört und kein Verstand je erdacht, was Gott für diejenigen bereithält, die ihn lieben (1. Korinther 2,9; NLB).*

Wie reagieren Sie auf die Treue Gottes? Marias Antwort sah so aus – und sie hat die Weltgeschichte verändert: *Siehe, ich bin des Herrn Magd; mir geschehe, wie du gesagt hast (Lukas 1,38; LUT).* Sind Sie dabei? Vielleicht ist heute der Tag, an dem Sie es neu bekennen dürfen: »Gott, weil du so treu bist, will ich dir auch treu sein.«

Vor einiger Zeit schrieb mir jemand, den ich sehr schätze: »Zurzeit habe ich mit meinem Glauben große Probleme. Ich habe grundlegende Fragen. Bevor ich wieder irgendwo in der Gemeinde mitarbeite, möchte ich Jesus wirklich ganz neu erleben.« Vielleicht ergeht es Ihnen ähnlich. Sie sind nicht mehr so nahe dran. Zu viel ist passiert, zu viel hat sich verändert. Glauben Sie mir, Jesus ist nahe dran. Er ändert sich nicht. Er ist derselbe. Was bleibt uns da anderes, als ihn zu ehren, es neu zu versuchen? Unsere Anbetung gilt ihm. (KGP)

Stille praktisch:

Hören Sie sich in Ruhe das Lied »In Christus« von der CD »Stille vor dir« an. Denken Sie darüber nach und lassen Sie es zu sich sprechen.

Der Gedanke des Tages:

»Glauben ist Ruhen in der Treue Gottes«
(Hudson Taylor)

Wenn ich sehe die Himmel, deiner Finger Werk, den Mond und die Sterne, die du bereitet hast: Was ist der Mensch, dass du seiner gedenkst, und des Menschen Kind, dass du dich seiner annimmst? Du hast ihn wenig niedriger gemacht als Gott, mit Ehre und Herrlichkeit hast du ihn gekrönt. Du hast ihn zum Herrn gemacht über deiner Hände Werk, alles hast du unter seine Füße getan: Schafe und Rinder allzumal, dazu auch die wilden Tiere, die Vögel unter dem Himmel und die Fische im Meer und alles, was die Meere durchzieht. Herr, unser Herrscher, wie herrlich ist dein Name in allen Landen!
    Psalm 8,4-10 (LUT)

Erstaunt – über die Wunder seiner Schöpfung!

Manchmal sehen wir den Wald vor lauter Bäumen nicht. Dann muss man uns mehr oder weniger liebevoll ermahnen: »Mensch, mach die Augen auf! Siehst du das denn nicht?« Der Alltagstrott fordert seinen Tribut. Ein Tag jagt den anderen und es bleibt wenig Zeit, innezuhalten und die großen und kleinen Wunder von Gottes Schöpfung wahrzunehmen.

Wieder muss ich an Maria denken. Soweit wir wissen, traf sie Gottes Handeln unvorbereitet, absolut überraschend. Aber sie muss wohl eine intensive Beziehung zu Gott gepflegt haben. Wie sonst hätte sie nach dem, was er ihr zumutete, beten können: *Denn er hat große Dinge an mir getan, der da mächtig ist und dessen Name heilig ist (Lukas 1,49; LUT).* Viele Jahrhunderte zuvor kam ihr Vorfahre David zu dem gleichen Ergebnis: *Herr, unser Herrscher, wie herrlich ist dein Name in allen Landen!* Bei dem alten König waren es die Wunder der Schöpfung, die ihn anbetend innehalten ließen.

Der SPIEGEL hat vor einiger Zeit in einem langen Artikel über die neusten Entwicklungen in der Physik und in der Astronomie berichtet. Eine dramatische Wende bahnt sich an. Während die Naturwissenschaften über hundert Jahre lang unter dem Eindruck der Evolutionslehre Gott aus ihren Überlegungen gestrichen haben, glauben heute, laut Umfrage, ca. 70 Prozent der Physiker und Astronomen, dass hinter unserem Universum eine schöpferische Intelligenz steckt. Sie haben auch allen Grund dazu, denn schon ein paar Fakten reichen aus, um beeindruckt zu fragen: »Wie ist das möglich, das kann doch kein Zufall sein?«

> Während die Naturwissenschaften über hundert Jahre lang unter dem Eindruck der Evolutionslehre Gott aus ihren Überlegungen gestrichen haben, glauben heute, laut Umfrage, ca. 70 Prozent der Physiker und Astronomen, dass hinter unserem Universum eine schöpferische Intelligenz steckt.

Ein paar Beispiele, die Sie hoffentlich staunen lassen: Die Neigung der Erde hat einen Winkel von 23,5 Grad. Er garantiert, dass wir die Jahreszeiten haben, so wie wir sie kennen. Schon geringste Änderungen würden den Planeten unbewohnbar machen.

Die Erde ist ungefähr sechs Trilliarden Kilogramm schwer und dreht sich am Äquator mit einer Geschwindigkeit von über 1600 Kilometern pro Stunde, doch alles bleibt an Ort und Stelle. Hiob sagt staunend: *Gott hängt die Erde über das Nichts!* (vgl. Hiob 26,7) Wenn die Erdkruste nur drei Meter dicker wäre, dann gäbe es keinen Sauerstoff und damit kein Leben. Wären die Meere nur ein paar Meter tiefer, dann würden Kohlenstoff und Sauerstoff absorbiert und es gäbe keine Pflanzen auf der Erde.

Die Sonne gibt konstant Energie ab, von der wir leben – pro Quadratmeter Oberfläche 63 000 Kilowatt. Die neun Hauptplaneten unseres Sonnensystems sind von der Sonne zwischen 58 Millionen und 5 Trillionen 910 Milliarden Kilometer entfernt.

Dennoch bewegt sich jeder Planet in exakter Präzision um die Sonne herum.

Dabei ist unsere Sonne nur ein kleiner Stern unter den 200 Milliarden Sternen unserer Milchstraße. Wussten Sie das? Wenn Sie am nächtlichen Himmel ein 20-Cent-Stück auf Armeslänge von sich entfernt halten, dann versperrt diese Münze Ihnen den Blick auf fünfzehn Millionen Sterne, vorausgesetzt, Sie hätten die Sehkraft, um sie alle zu erkennen.

Herr, unser Herrscher, wie herrlich ist dein Name in allen Landen! Die Schöpfung offenbart die Größe und Allmacht Gottes und wir staunen mit Recht darüber. Aber warum das alles? Warum diese unsere Vorstellungen übersteigende Vielfalt der Schöpfung? Wir sind beeindruckt, bezaubert von der Macht Gottes. Wir suchen nach Worten, stottern, stammeln über Gottes Heiligkeit. Wir erzittern vor seiner Majestät, sind geblendet von seiner Herrlichkeit. Aber seltsamerweise tun wir uns sehr schwer, wenn es darum geht, uns diesem Gott anzuvertrauen. Wir sind überempfindlich und ängstlich, wenn wir uns auf seine Liebe verlassen sollen. Wie sehr wünsche ich uns die so vertrauensvolle Reaktion der Maria, die glaubt und anbetet: *Denn er hat große Dinge an mir getan, der da mächtig ist und dessen Name heilig ist.*

> **Wenn die Erdkruste nur drei Meter dicker wäre, dann gäbe es keinen Sauerstoff und damit kein Leben. Wären die Meere nur ein paar Meter tiefer, dann würden Kohlenstoff und Sauerstoff absorbiert und es gäbe keine Pflanzen auf der Erde.**

Warum das alles? Warum diese verschwenderische Ausstattung der Schöpfung, diese unglaubliche Vielfalt, diese endlose Weite? Weil Gott uns liebt und so wertschätzt! Weil er uns damit klarmachen möchte, was wir ihm bedeuten. Der Apostel Johannes schreibt: *Seht, welch eine Liebe hat uns der Vater erwiesen, dass wir Gottes Kinder heißen sollen – und wir sind es auch!*

(1. Johannes 3,1; LUT). Gottes Liebe zeigt sich in seiner Fürsorge, in der atemberaubenden Schöpfung, in jedem Augenblick und gipfelt in dem größten aller Wunder: *Denn also hat Gott die Welt geliebt, dass er seinen eingeborenen Sohn gab, damit alle, die an ihn glauben, nicht verloren werden, sondern das ewige Leben haben (Johannes 3,16; LUT)*. Christian Fürchtegott Gellert hat es in einem alten Lied so ausgedrückt: »Wenn ich dies Wunder fassen will, so steht mein Geist vor Ehrfurcht still, er betet an, und er ermisst, dass Gottes Lieb unendlich ist.«

Die Schöpfung ist nur ein Abglanz seiner Herrlichkeit. Sie verweist auf das größte Wunder, das geschah: Im Stall von Bethlehem berührt der Himmel die Erde – und das hat Auswirkungen für uns, in alle Ewigkeit. Ist es da nicht längst wieder einmal an der Zeit, stille zu werden? Legen Sie das Buch beiseite, schalten Sie den Fernseher aus, klappen Sie Ihren Laptop zu und halten Sie einen Moment inne. Wir beten an – über den Wundern seiner Schöpfung. (KGP)

Stille praktisch:

Ein Tipp für den Abend – wenn Sie Zeit haben und der Himmel klar ist: Schauen Sie nach oben, auf das Heer der Sterne und danken Sie ihm, dem großen Gott, dem Schöpfer des Universums. Lassen Sie sich berühren von seiner Herrlichkeit.

Der Gedanke des Tages:

»Himmel und Erde sind für uns eine Schrift, und alle Geschöpfe, die uns umgeben, Buchstaben dieser Schrift, daraus wir uns von Gott unterrichten können.«
(Matthias Claudius)

Gott! Du bist mein Gott! Ich sehne mich nach dir, dich brauche ich! Wie eine dürre Steppe nach Regen lechzt, so dürste ich, o Gott, nach dir. Ich suche dich in deinem Heiligtum, um deine Macht und Herrlichkeit zu sehen. Deine Liebe bedeutet mir mehr als mein Leben!

Psalm 63,2-4 (HFA)

Erstaunt – und Gott ist immer noch Gott!

Warum beten wir? Wen suchen wir? Wenn wir uns in diesen 40 Tagen so nachdrücklich mit der Stille beschäftigen, dann sprechen wir letztlich über eine Beziehung. In der Stille suchen wir ihn, wir sehnen uns nach Gemeinschaft mit ihm, unserem Gott. Aber Vorsicht – warum suchen wir ihn? Gott ist nicht ein Dienstleister, der von uns mit Zeit und Geld bezahlt wird, um uns dann das Leben angenehmer zu gestalten. Gott ist eine Person, die Person schlechthin, und ihm liegt daran, dass wir Menschen mit ihm in einer intakten Beziehung leben. Der lebendige Gott will unser Freund und Vater sein. Er sucht uns, weil er uns liebt, unabhängig davon, was wir können und wie schön wir sind. Er ruft uns und vertraut uns, nimmt uns mit in ein Geschehen, das unsere Vorstellungskraft übersteigt, ohne dass wir etwas vorweisen könnten.

Maria, die uns durch diese Woche begleitet, fasste ihre Beziehung zu Gott in einem Gebet zusammen, das mich berührt: *Meine Seele erhebt den Herrn, und mein Geist freut sich Gottes, meines Heilandes (Lukas 1,46–47; LUT).* Freude über Gott, reden mit Gott – hier lebt ein Mensch in einer lebendigen Beziehung und betet an, ohne vorher den eigenen Nutzen und seine Verdienste unter Beweis gestellt zu haben. Im Gegenteil, Maria kann nicht verstehen, warum Gott gerade sie ausgesucht hat, warum dem Allmächtigen so viel an ihr liegt. Das lässt sie singen, anbeten.

Gott liebt uns, ohne dass wir uns diese Liebe verdienen müssen – das ist ein Gedanke, den wir kaum begreifen können. Von Kindheit an werden wir anders erzogen. Es beginnt in der Sandkiste und endet erst auf dem Friedhof. Drei Fragen begleiten uns die ganze Zeit: Was bringt es? Was sieht man? Wie lange dauert es? Unsere Zeit will ständig wissen, was es bringt. Bringt es nichts, dann taugt es nichts. Die heilige Dreieinigkeit der Leistungsgesellschaft heißt: Nutzen, Sichtbarkeit und Zeit. Zunehmend geraten die Kinder Gottes in den Bann dieser unchristlichen Vorstellung: Beten – Was bringt es mir? Was springt dabei raus? Wie lange dauert es?

> **Die heilige Dreieinigkeit der Leistungsgesellschaft heißt: Nutzen, Sichtbarkeit und Zeit.**

Das ist in Wirklichkeit nichts Neues. Schon Israel kannte diese Herausforderung nur zu gut. Wenn das Volk Gottes zu den Götzen der Kanaaniter abfiel, dann taten sie es nicht, weil sie diese Götzen mehr liebten. Sie taten es, weil sie sich davon bessere Ernten, mehr Fruchtbarkeit, Potenz und Kriegsglück versprachen. An den alten Gott Jahwe glaubten sie sicherheitshalber auch noch – man konnte ja nie wissen.

Entdecken wir nicht zu bestimmten Zeiten in unserer Beziehung zu Gott erschreckende Parallelen? Wir suchen Gott dann, wenn er uns nützt bzw. nützen soll. Das hat wenig mit dem Gebet der Maria zu tun und schon gar nichts mit dem, was König David in einem Lied ausdrückt: *Gott! Du bist mein Gott! Ich sehne mich nach dir, dich brauche ich! Wie eine dürre Steppe nach Regen lechzt, so dürste ich, o Gott, nach dir. Ich suche dich in deinem Heiligtum, um deine Macht und Herrlichkeit zu sehen. Deine Liebe bedeutet mir mehr als mein Leben! (Psalm 63,2-4; HFA)*

Als ich einundzwanzig Jahre alt war, musste ich in die Schweiz, für fünf Jahre, um dort zu studieren. Bis dahin hatte ich bei den

Eltern gelebt, wohl versorgt und behütet. Die Schweiz hat mir ein wenig Angst gemacht und ich habe mich gefragt: »Was mach ich jetzt bloß? Mutter kann ich nicht mitnehmen, also such ich mir eine Frau. Kochen muss sie können, meine Klamotten muss sie sauber halten, meine Socken stopfen und die Wohnung putzen. Sie muss mich morgens wecken und sie muss da sein, wenn ich sie brauche, und mich für den wichtigsten Menschen auf dieser Welt halten.« Um ehrlich zu sein: Diese Frau habe ich nicht gefunden. So blöd ist keine.

Als ich Esther geheiratet habe, konnte sie nicht besonders gut kochen. Socken brauchte sie für mich nie zu stopfen. Die Wohnung haben wir in den ersten Jahren immer zusammen geputzt. Bis heute wecke ich morgens

> Wir suchen Gott dann, wenn er uns nützt bzw. nützen soll.

eher sie als sie mich. Also – warum habe ich sie überhaupt geheiratet? Weil ich sie gesehen habe und sie seitdem liebe. Deshalb sind wir immer noch verheiratet. Wir sind zusammen, weil eine Liebesbeziehung die Grundlage für ein lebenslanges Bündnis war und ist.

Warum suchen Sie Gott? Warum beten Sie? Lieben Sie ihn? Magnus Malm war Pastor in der schwedischen Kirche, bis er nicht mehr konnte. Ausgebrannt und entmutigt gab er seine Pfarrstelle auf. In dieser schweren Zeit ist ihm Gott in einer ganz neuen Art und Weise begegnet. Er schreibt: »Erst dann, wenn wir Gott Gott und das Ziel all unseres Seins und Tuns sein lassen, wird sich die Gemeinde wieder aus der Erbärmlichkeit des Nutzendenkens erheben und eine helle, weite Kathedrale der Hoffnung in dieser Welt sein.« (KGP)

Stille praktisch:

 *Wenn Sie an diesem Tag ein paar Minuten Stille finden können, können Ihnen vielleicht diese drei Hinweise helfen, Gott einfach so anzubeten, ihn zu suchen, um seiner selbst willen, nicht, weil er Ihnen etwas nützt.*

Der erste Hinweis: Lassen Sie Gott Gott sein. Seien Sie einfach einmal still und lassen Sie ihn in Ihrer stillen Zeit zu Wort kommen.

Der zweite Hinweis: Freuen Sie sich an Ihrem Gott. Lächeln Sie, atmen Sie durch, erinnern Sie sich daran, dass er wirklich da ist. Die Probleme nehmen kein Ende – das wissen wir –, aber er hat alles unter Kontrolle. Die Hölle kann dem Himmel nicht die Freude rauben, und den Kindern Gottes auch nicht!

Der dritte Hinweis: Seien Sie hellwach, wenn es um Jesus geht. Nehmen Sie die Beziehung zu ihm nie als etwas Selbstverständliches. Maria betet: »Meine Seele erhebt den Herrn.« Und David singt: »Gott! Du bist mein Gott! Ich sehne mich nach dir, dich brauche ich!«

Der Gedanke des Tages:

»Erst dann, wenn wir Gott Gott und das Ziel all unseres Seins und Tuns sein lassen, wird sich die Gemeinde wieder aus der Erbärmlichkeit des Nutzendenkens erheben und eine helle, weite Kathedrale der Hoffnung in dieser Welt sein.«
(Magnus Malm)

»Verantwortung haben wir nicht für das,
was in der Stille passiert,
sondern dafür, dass es Stille gibt.«

Wolfgang Vorländer

5. Woche

Stille Stille

In der Stille ausharren

Aber die auf den Herrn harren, kriegen neue Kraft, dass sie auffahren mit Flügeln wie Adler, dass sie laufen und nicht matt werden, dass sie wandeln und nicht müde werden.
Jesaja 40,31 (LUT)

Gott gönnt dir ein wenig Ruhe

»Endlich ich – Zeit für mich!«, ertönt es aus dem Fernseher. Dabei wird genüsslich ein Glas mit Bier gefüllt. Natürlich soll der Zuschauer dazu angeregt werden, ein bestimmtes Bier zu kaufen. Ich muss gestehen, so ganz habe ich diese Reklame nie verstanden. Aber das mag daran liegen, dass ich kein großer Biertrinker bin.

»Endlich ich – Zeit für mich!« Das würde ich mir ganz anders vorstellen. Eher so, wie es dem jungen Mädchen Ester erging, die im 5. Jahrhundert vor Christus zu ausgiebigen Wellnesswochen in den Palast des mächtigen Herrschers Xerxes eingeladen wurde.

Ihr Leben war bis dahin alles andere als einfach gewesen. Sie war als jüdisches Waisenkind in der Diaspora in Persien von ihrem Vetter Mordechai in dessen Familie aufgenommen worden. Der Großkönig des persischen Reiches, Xerxes, war für seine weltumspannende Herrschaft und seine exzentrischen Feiern bekannt und weltweit gefürchtet. Und genau dieser Herrscher wollte eine neue Frau finden. Ester hatte es geschafft. Die Aktion »Persien sucht das Supergirl« hatte das Land in Atem gehalten. Und Ester war eine der Auserwählten, die es in die engere Auswahl geschafft hatten. Sie wurde in den Palast des Königs eingeladen und dort zwölf ganze Monate lang auf den einen Tag vorbereitet, an dem sie zum König geführt werden sollte. Ihr weiteres Schicksal würde davon abhängen, ob sie ihm gefallen würde. Entweder würde sie verstoßen oder die Königin an seiner Seite werden. Zunächst drehte sich sechs Monate lang alles in ihrem Leben um Baden in Öl und Myrrhe. Danach hielt sie weitere sechs Monate eine spezielle Diät und hatte sieben Dienerinnen, die ihr jeden Wunsch von den Augen ablesen sollten. Der Himmel auf Erden! Oder vielleicht doch nicht?

Ester hatte viel Zeit, um nachzudenken. Wahrscheinlich sogar zu viel Zeit. Auch wenn es ihr jetzt äußerlich gesehen gut ging, sie in Sicherheit war und verwöhnt wurde, innerlich war dieses Warten, diese verordnete Ruhe sicher eine Zerreißprobe. Was würde mit ihr geschehen? Würde der König sie annehmen als seine Frau? Was war mit all ihren Träumen von einer kleinen Familie, »trautes Heim – Glück allein«? Würde sie je diesen Mann lieben können, der nach der möglichen Hochzeit absolut über sie verfügen würde?

Manchmal sind Zeiten der äußeren Ruhe nur sehr schlecht auszuhalten. Da ist in uns die Frage nach der Zukunft, die sich lauthals meldet. Da stehen die Ängste wieder auf, die wir schon lange begraben hatten. Da wollen wir lieber fliehen in den Lärm und die Aufgaben des Alltags, in die Ablenkung des Fernsehers und des Radios. Doch diese Stille auszuhalten ist eine wichtige Übung für unser Leben. In den Zeiten, in denen äußerlich nichts Aufregendes passiert, in denen wir einfach nur ausruhen oder schlimmstenfalls durchhalten müssen, lernen wir, unsere innere Unruhe vor Gott zu bringen.

Ich habe ein Lied aus meinen Kindheitstagen im Ohr, das ich damals immer und immer wieder gerne gehört habe. Ich erinnere mich nur noch an den Refrain: »Mamatschi, schenk mir

> In den Zeiten, in denen äußerlich nichts Aufregendes passiert, in denen wir einfach nur ausruhen oder schlimmstenfalls durchhalten müssen, lernen wir, unsere innere Unruhe vor Gott zu bringen.

ein Pferdchen. Ein Pferdchen wär mein Paradies. Mamatschi, solche Pferdchen wollt´ ich nicht ...« Es geht um ein Kind, das seine Mutter immer wieder um ein Pferdchen bittet. Die Mutter tut alles, um den Wunsch des Kindes zu erfüllen: Sie kauft Spielzeugpferde, ein Schaukelpferd ... Doch stets ist das Kind enttäuscht und singt: »Solche Pferdchen wollt´ ich nicht.« Am Ende des Liedes tauchen dann endlich zwei lebende Pferde auf: Es sind allerdings die Pferde, die den Sarg der Mutter auf einem Wagen hinter sich herziehen. Und wieder singt das Kind: »Mamatschi, solche Pferdchen wollt´ ich nicht.«

> Ruhe und Stille können auch bedrohlich sein. Ausharren, durchhalten. Das kann ich nur dann, wenn ich eine Kraftquelle außerhalb meiner selbst anzapfe.

Mal ganz abgesehen von dem Schaden, den dieses aus heutiger Sicht doch sehr melancholische Lied in meiner Kinderseele in Sachen Herzenswünsche hinterlassen hat, habe ich doch auch viel davon gelernt. Es werden nicht alle Wünsche erfüllt, und viele von denen, die erfüllt werden, sehen ganz anders aus, als man es sich vorher ausgemalt hat. Als ich vor jetzt schon mehr als zwanzig Jahren an Krebs erkrankt war und die Ärzte mir nur noch wenige Wochen zu leben gaben, kam mir dieses Lied plötzlich wieder in den Sinn.

Mein Leben war vor der Erkrankung überaus hektisch gewesen, angefüllt mit viel zu vielen Aufgaben. Ich hatte Gott oft gebeten, mir eine Auszeit zu schenken: Nichtstun, schlafen, im Bett liegen bleiben. Doch als ich dann genau das hatte: im Bett liegen, nichts tun, war es nicht wirklich das, was ich mir gewünscht hatte. Gewünscht hätte ich mir das Wellnessprogramm von Ester. Doch Gott brachte mich in eine Lage, die sehr schwierig für mich war. Ich musste lernen, mich mit mir selbst zu beschäftigen. Keine Ausflüchte mehr in Freizeitaktivitäten, Dienste in der Gemeinde oder andere Aktionen. Dazu hätte ich gar keine Kraft mehr gehabt. Ich musste in mein Herz schauen. Meinen Ängsten begegnen. Meine Sorgen wahrnehmen. Mich selbst ernst nehmen. Dinge zu Ende denken. Auf Gottes Hilfe harren.

Im Buch Hiob lesen wir: *Was ist meine Kraft, dass ich ausharren könnte; und welches Ende wartet auf mich, dass ich geduldig sein sollte? (6,11; LUT).* Ruhe und Stille können auch bedrohlich sein. Ausharren, durchhalten. Das kann ich nur dann, wenn ich eine Kraftquelle außerhalb meiner selbst anzapfe. Wenn ich Gott in meinem tiefsten Herzen spüre. Er mutet uns manchmal Lebensumstände zu, deren Ausgang wir nicht kennen. Und dennoch ist er bei uns. Mittendrin. Seine Kraft ist da. (EW)

Stille praktisch:

Vielleicht tut es Ihnen gut, heute mal den Fernseher auszulassen und sich mit einem leeren Blatt Papier hinzusetzen und Folgendes aufzuschreiben: Wie verläuft mein Leben gerade äußerlich gesehen? Ruhig und stetig oder bedroht und mit Sorgen behaftet? Welche Ängste bewegen mich im Blick auf die Zukunft?

Dann schreiben Sie mit einem dicken Stift quer über das Blatt folgenden Bibelvers: Die aber die auf den Herrn harren, kriegen neue Kraft, dass sie auffahren mit Flügeln wie Adler, dass sie laufen und nicht matt werden, dass sie wandeln und nicht müde werden (Jesaja 40,31).

Halten Sie diese Verheißung Gottes fest. Lernen Sie den Bibelvers auswendig und sagen Sie ihn sich immer wieder vor. Die Kraft zur Stille, die Kraft zum Warten, die Kraft zum Leben, kommt von Gott.

Der Gedanke des Tages:

»Ich glaube, dass Gott uns in jeder Notlage so viel Widerstandskraft geben will, wie wir brauchen. Aber er gibt sie nicht im Voraus, damit wir uns nicht auf uns selbst, sondern allein auf ihn verlassen. In solchem Glauben müsste alle Angst vor der Zukunft überwunden sein.«
(Dietrich Bonhoeffer)

Rufe mich an, so will ich dir antworten und will dir kundtun
große und unfassbare Dinge, von denen du nichts weißt.
Jeremia 33,3 (LUT)

Große Erwartungen

Vor vielen Jahren hielt ich im Sudan einen Theaterworkshop in einer Bibelschule. Woche für Woche kamen Christen im Hof der Schule für zwei Stunden zusammen, um zu lernen, wie man kleinere Sketche oder Theaterstücke in die Verkündigung in der Gemeinde einbauen kann.

Wir begannen mit ganz einfachen Stellübungen. Ich teilte Gruppen ein, die dann die Aufgabe erhielten, ein Standbild aus lebenden Personen zu einem bestimmten Thema aufzubauen. Am Ende führte jede Gruppe ihr Ergebnis vor und die anderen Gruppen sollten erraten, was dargestellt wurde. Freude, Gemeinschaft, Angst, all diese Themen wurden sehr gut umgesetzt und gleich erkannt. Doch dann stellte sich eine Gruppe auf, bei der ich selbst nicht erkennen konnte, was sie darstellen wollte. Einige Männer standen im Kreis, alle senkten den Kopf. »Trauer«, rief jemand von den Zuschauern. Nein. »Tod«, ein Anderer. Nein. Schließlich mussten sie das Rätsel auflösen, wir Anderen kamen nicht auf die Lösung. »Es ist Erwartung«, war die Erklärung der Gruppe. »Wir erwarten den Bus, aber wir wissen, dass er nicht kommen wird.«

Ich musste lachen. Ja, das war der ganz normale Alltag im Sudan vor zwanzig Jahren. Es gab kaum Busse, und wenn sie kamen, waren sie überfüllt und man musste doch irgendwann das Warten aufgeben und selbst weite Strecken zu Fuß gehen. Die Darstellung des Themas »Erwartung« hatte ich mir mit meinen westlichen Vorstellungen ganz anders vorgestellt: nämlich als freudige Erwartung, etwa so: Alle schauen mit offenen Mündern und weit aufgerissenen Augen freudig strahlend in eine bestimmte Richtung, die Arme weit geöffnet.

Welche Erwartungen haben Sie an den heutigen Tag? Der gleichtönige Rhythmus des Alltags lässt uns oft abstumpfen. Wir erwarten nicht mehr viel Spannendes. Wir haben unsere Erfahrungen gemacht und wissen, wie alles läuft. Es gibt nichts mehr groß zu erwarten. Schon gar nicht von Gott. Vielleicht kennen wir das christliche Leben sehr gut. Wir gehen seit Jahren in die Gemeinde. Wir haben unsere christlichen Rituale und wissen, was Gott will und was er nicht will. Alles bleibt beim Alten. Wir erwarten nichts mehr. Vielleicht hat Gott auch keinen Stellenwert in unserem Leben. Wir rechnen nicht mit ihm. Was sollte er schon mit unserem Leben zu tun haben wollen?

> Der gleichtönige Rhythmus des Alltags lässt uns oft abstumpfen. Wir erwarten nicht mehr viel Spannendes.

Vielleicht haben wir auch Angst, zu viel von Gott zu erwarten und enttäuscht zu werden. Wir fragen uns, wann er das letzte Mal aktiv in unser Leben eingegriffen hat. Was bleibt, ist doch: Aufstehen, zur Arbeit gehen oder den Haushalt machen, Essen, Fernsehen, Schlafen. Aufstehen, zur Arbeit gehen … Und einmal in der Woche Gemeindebesuch. Oft nutzen wir unsere Zeit nicht weise genug. Statistiken besagen, dass im Jahr 2004 der durchschnittliche Fernsehkonsum eines Deutschen bei 3,5 Stunden am Tag lag. Hinzu kommt sicher noch einige Zeit vor dem Computer. Wir erwarten mehr Überraschendes vom Fernsehprogramm als vom realen Leben. Und sicher mehr Abwechslung von beidem als von Gott.

Auch Ester kannte den Alltag. Der König hatte tatsächlich Gefallen gefunden an ihr. Als sie ihm vorgeführt wurde, war er total begeistert. Doch nach der großartigen Hochzeit war sie in ein ödes Einerlei eingetaucht, denn sie war mit den vielen anderen Frauen des Herrschers im Harem gelandet. Sie hatte keine weitere Aufgabe, als schön zu sein und darauf zu warten, von Xerxes gerufen zu werden. Von sich aus hätte sie sich nie dem Herrscher nahen können, ohne Gefahr zu laufen, getötet zu werden. Was für ein Leben!

Dazu kam noch, dass sie eine Fremde im Harem war, da sie als Jüdin nicht zu den angestammten Familien des Landes gehörte. Niemandem konnte sie sich anvertrauen. Auf Anraten ihres Cousins Mordechai hatte sie sogar verschwiegen, dass sie Jüdin war. Sie war wie ein Vogel im Käfig des grauen Alltags. Alles schien vorherbestimmt oder auch fremdbestimmt. Und wo war Gott?

> **Doch an einem ganz normalen Tag kann etwas sehr Ungewöhnliches geschehen.**

Interessanterweise kommt der Name Gottes im Bericht über das Leben von Ester gar nicht vor. Er wird noch nicht mal erwähnt. Martin Luther meinte sogar, dass das Buch Ester eigentlich gar nicht in die Bibel gehören sollte. Gott, so scheint es auf den ersten Blick, ist im Leben von Ester erst einmal stumm. Routine ist eingekehrt. Ein Tag ist wie der andere. Doch an einem ganz normalen Tag kann etwas sehr Ungewöhnliches geschehen. Das gilt nicht nur für Ester:

Es ist der 1. Dezember 1955 in Montgomery, Alabama. Eine schwarze Frau fährt im Bus nach Hause, müde vom Tag setzt sie sich hin. Da wird sie von einer Stimme aufgeschreckt. Sie soll ihren Sitzplatz aufgeben. Dort, wo sie sich niedergelassen hat, ist für Weiße reserviert. Rosa Parks schaut auf, aber sie steht nicht auf. Auch nicht nach Drohen und Schimpfen der Weißen um sie herum. Sie wird verhaftet und mit einer Geldstrafe belegt. Was ihr geschehen ist, spricht sich herum. Die anderen Schwarzen aus ihrer Stadt beschließen, die Busgesellschaft zu boykottieren. Der Montgomery-Busstreik dauerte 381 Tage. Eine Massenbewegung der Afroamerikaner beginnt, angeführt von Dr. Martin Luther King. Sie führt bis hin zu den großen, friedlichen und von Gebet getragenen Aufmärschen nach Washington.

Rosa Parks wurde mitten in ihrem Alltag zum Dreh- und Angelpunkt der Geschichte Amerikas. Die friedliche Revolution der Afroamerikaner, letztendlich die Überwindung der Rassentrennung, all das begann mit einer Frau, die an einem ihrer All-Tage etwas ganz »Normales« tat: Sie blieb sitzen. Dass heute mit Barack Obama ein schwarzer Präsident Amerika regiert, hat auch mit Rosa Parks zu tun. Veränderung begann mitten im Alltag einer einfachen Frau.

> **Die friedliche Revolution der Afroamerikaner, letztendlich die Überwindung der Rassentrennung, all das begann mit einer Frau, die an einem ihrer All-Tage etwas ganz »Normales« tat: Sie blieb sitzen.**

Wieso blieb sie im Bus einfach sitzen? Es gab kein Donnern vom Himmel, keine Engel, die eine Botschaft an Rosa Parks überbrachten und sagten: »Bleibe einfach sitzen. Ich habe Großes mit dir vor.« Es war ihr Glaube an den Wert, den Gott ihrem Leben zugemessen hat, ohne Rücksicht auf ihre Hautfarbe. Rosa war Mitglied der Methodistischen Kirche. Sie wusste, dass Jesus jeden Menschen gleich wertschätzt. Ohne Unterschied. Dieses Wissen gab ihr die Kraft, sich dem diskriminierenden Alltag ihres Lebens entgegenzustellen. (EW)

Stille praktisch:

Wenn Sie heute in diesen Tag gehen, dann schauen Sie doch mal ganz genau hin. Ihr Alltag kann zu einem solchen »historischen Tag« werden, wenn Sie heute durch die Welt gehen mit offenen Augen und einem Herzen, das auf Gott hört. Versuchen Sie, die Menschen neu zu sehen und Gott zu fragen: Was denkst du ei-

gentlich über diesen Menschen? Was hast du mit ihm oder ihr vor? Welche Gaben und Aufgaben stecken in diesem Fremden, in meinem Arbeitskollegen, in meinem Familienmitglied, in mir selbst?

Lassen Sie es zu, dass Gott aus Ihrem Alltag einen Tag der Überraschung macht. Einen Tag, der die Welt verändert. Heute kann der erste Schritt auf einem langen Marsch in Richtung Freiheit getan werden. Sind Sie bereit, sich von Gott überraschen zu lassen? Warten Sie heute auf Gott. Erwarten Sie Großes von ihm, auch in den kleinen Dingen des Alltags.

Der Gedanke des Tages:

»Glauben heißt, beständig das Frohe,
Glückliche, Gute zu erwarten.«
(Sören Kierkegaard)

*Verlass dich auf den Herrn von ganzem Herzen, und ver-
lass dich nicht auf deinen Verstand, sondern gedenke an
ihn in allen deinen Wegen, so wird er dich recht führen.*
Sprüche 3,5-6 (LUT)

Gottes Plan in schwierigen Zeiten

Wer kennt sie nicht? Mogli und die Riesenschlange Kaa aus dem Dschungelbuch? Eine Szene aus dem Film ist mir noch gut in Erinnerung: Der Panther Baghira, der Mogli als Baby im Urwald gefunden und zu der Wolfsfamilie gebracht hat, ist mit ihm unterwegs zu einer Siedlung von Menschen, damit Mogli die Kunst des Feuermachens erlernen kann. Mithilfe des Feuers können sie nämlich den Tiger Shir Khan besiegen. Unterwegs ist Mogli plötzlich allein mit der Schlange Kaa, die ihn dazu bringt, sich vollkommen auf sie zu konzentrieren. Man sieht, wie die Augen der Schlange Mogli verzaubern und wie seine Augen auf sie starren. Er wirkt wie gelähmt und gefangen durch ihre Augen. Erst Baghira, der Panther, kann Mogli aus dem Bann der Schlange befreien. Eine zeichnerisch hervorragend dargestellte Szene in dem Film, die man so schnell nicht wieder vergisst.

Manches Unglück kommt überraschend in unser Leben. Manche Schwierigkeiten künden sich aber schon lange vorher an und schweben wie ein Damoklesschwert über uns. Wir bekommen mit, dass es am Arbeitsplatz kriselt und haben Angst, dass wir unsere Stelle vielleicht bald verlieren. Wir spüren, dass Konflikte mit Menschen eskalieren könnten. Wir erleben politische Veränderungen, Krisen in der Wirtschaft, unsichere Zeiten um uns herum. Der Arzt hat uns mitgeteilt, dass wir eine Operation benötigen. Die Kinder treffen Entscheidungen, mit denen wir nicht einverstanden sind und die weitreichende Konsequenzen für ihre Zukunft haben werden. Wir merken, dass sich etwas zusammenbraut, das uns über den Kopf wachsen wird, das uns bedroht und uns hilflos macht. Doch wie können und sollten wir mit diesen Dingen umgehen, die uns abends am Einschlafen hindern und die uns morgens direkt wieder überfallen?

In Esters Leben kündigt sich ein großes Unheil an. Haman, der höchste Beamte im großen Reich des persischen Großkönigs Xerxes, ist außer sich. Da gibt es doch einen Juden namens Mordechai, der sich dem höchsten Befehl verweigert, seine Knie vor Haman zu beugen und sich vor ihm aus Ehrerbietung auf den Boden zu werfen. Hamans Entschluss steht fest: Nicht nur Mordechai, nein, alle Juden sollen getötet werden. Wer sich ihm nicht beugt, wird vernichtet. Das Los wird geworfen und ein Datum wird festgesetzt, an dem alle Juden in einer Art Sippenstrafe in allen Provinzen, die Xerxes unterstehen, getötet werden sollen.

> Manches Unglück kommt überraschend in unser Leben. Manche Schwierigkeiten künden sich aber schon lange vorher an und schweben wie ein Damoklesschwert über uns.

Solch eine umfassende Bedrohung hatte es für das Volk Gottes noch nie gegeben. Panik macht sich breit. Die Juden gehen als Ausdruck ihrer Trauer in Sack und Asche. Ihr Schicksal scheint besiegelt. Sie sind von der Endgültigkeit ihres Todesurteils überzeugt. Nur Mordechai begibt sich zum Tor des Königs und klagt dort dieses Unrecht öffentlich an.

Und Ester? Wie reagiert sie? Zunächst ist sie voller Panik. Ihr Vetter bringt sich dort vor den Toren des Palastes in Lebensgefahr! Ester sendet Boten aus, um alle Einzelheiten der Verordnung gegen die Juden bis ins Detail zu verstehen. Sie lässt sich alles erzählen und kann so das Ausmaß der drohenden Katastrophe abschätzen. Ester reagiert erst einmal so, wie ihr Verstand es ihr eingibt. Und die Lage erscheint aussichtslos. Sie kann nicht zum König gehen, ohne ihr eigenes Leben zu riskieren. Niemand darf ungebeten vor ihn treten. Auch sie als seine Frau nicht. Genau das lässt sie Mordechai auch mitteilen. Doch der sieht in diesem Moment weiter und tiefer, als es die reine Vernunft gebietet. Er sieht Gottes Hand in dem, was er erlebt. Er sieht, dass Gott schon lange an der Arbeit ist. Dass Gott vielleicht genau aus diesem Grund Ester in den Palast des Königs geführt hat: damit sie das Unglück durch ihren Einfluss auf Xerxes verhindern kann.

> **Das Gebet ist der Weg, auf dem unser Verstand und unser Herz miteinander versöhnt werden können.**

Es gibt eine Wirklichkeit hinter der Wirklichkeit. Es gibt Dinge, die wir mit unserem Verstand nicht erfassen können. Es gibt einen langfristigen Plan Gottes für unser Leben. Das heißt allerdings nicht, dass Gott uns vor allen Schwierigkeiten bewahrt, dass er uns aber Kraft und Weisheit gibt, damit wir in den Problemen nicht untergehen, uns nicht in ihnen verlieren. Die Gefahr für uns ist, dass wir auf das drohende Unheil starren wie Mogli auf die Schlange Kaa. Dass wir uns lähmen lassen von den Gerüchten, düsteren Prognosen und potenziellen Gefahren des Lebens.

Ester hat – menschlich gesehen – weise gehandelt. Sie hat sich ein Bild von der Lage gemacht – auch wenn es ein erschreckendes Bild war. Sie hat nicht den Kopf in den Sand gesteckt, hat nicht die Wirklichkeit ausgeblendet. Aber sie musste erst noch lernen, Gottes Sicht der Dinge mit in den Blick zu nehmen. Beides ist wichtig: das, was unser Verstand uns sagt, und das, was Gott uns sagen möchte, der den größeren Plan kennt.

Wie können wir beides verbinden? Das Gebet ist der Weg, auf dem unser Herz und unser Verstand miteinander versöhnt werden können. (EW)

Stille praktisch:

Reden Sie jetzt und immer wieder an diesem heutigen Tag mit Gott, sobald Sie eine negative Nachricht hören. Beten Sie, dass Gott Ihnen seine Wirklichkeit hinter dieser Nachricht zeigt. Wenn Sie heute die Nachrichten sehen, beten Sie für die Länder und für die Menschen, die erwähnt werden. Üben Sie heute, sich nicht von den Nachrichten beherrschen zu lassen, sondern mit dem Herrn der Welt über die Ereignisse zu reden.

Der Gedanke des Tages:

»Drum still, mein Herz, und lass vergehen, was irdisch und vergänglich heißt. Im Lichte droben wirst du sehen, dass gut die Wege, die er weist. Und müsstest du dein Liebstes missen, ja ging's durch kalte, finstre Nacht, halt fest an diesem sel'gen Wissen, dass Gott nie einen Fehler macht.«
(Verfasser unbekannt)

Denn so spricht Gott der HERR, der Heilige Israels: Wenn ihr umkehrtet und stille bliebet, so würde euch geholfen; durch Stillesein und Hoffen würdet ihr stark sein. Aber ihr wollt nicht.
Jesaja 30,15 (LUT)

Gott greift ein!

Wie schnell doch die Zeit vergeht, wenn wir auf einem schönen Fest mit Familie und Freunden zusammen sind! Eine Stunde kommt uns dann wie eine Minute vor, der Tag verfliegt, und ehe man sich versieht, ist alles schon vorbei.

Wie anders ist das, wenn man im Wartezimmer des Arztes sitzt. Und es ist sicher noch mal anders, wenn man im Wartezimmer des Zahnarztes sitzt. Die einzig mögliche Steigerung von lang empfundener Zeit ist, wenn man auf dem Behandlungsstuhl des Zahnarztes sitzt und mit offenem Mund durchhalten muss, während er eine schwierige Behandlung durchführt.

Für Ester und ihr Volk vergeht die Zeit viel zu schnell. Das Datum der Tötung aller Juden, des ersten geplanten großen Holocaust, kommt mit riesigen Schritten auf sie zu. Was soll sie tun? Niemand weiß, dass sie Jüdin ist. Ist ihr eigenes Leben in Gefahr? Soll sie nicht einfach abwarten und sich dumm stellen? Und selbst wenn sie sich für ihr Volk einsetzt, was kann sie schon ausrichten gegen den mächtigsten Herrscher auf der ganzen Welt? Sie beschließt, erst einmal nichts zu tun. Doch Mordechai greift ein. Er lässt ihr ausrichten, dass Abwarten keine Lösung sei. Sie habe die Pflicht und die Möglichkeit, für das Volk der Juden vor Xerxes einzutreten. Darum habe Gott sie Königin werden lassen. Und sie solle sich ja nicht einbilden, ungeschoren davonzukommen. Gott würde auf jeden Fall eingreifen und den Juden helfen. Wenn nicht durch Ester, dann auf anderen Wegen. Aber dann wäre sie durch ihr Abwarten selbst schuldig geworden und würde auf keinen Fall dem Tod entkommen.

Ester wird sich immer mehr der Gefahr bewusst. Für ihr eigenes Leben, aber auch für das Volk der Juden. Und sie weiß auch, was auf dem Spiel steht. Das hier, was sie gerade erlebt, geht weit über ihre eigenen Kapazitäten hinaus. Sie braucht Unterstützung. Geistliche Unterstützung. Sie bittet alle Juden in Persien, zu beten und zu fasten. Erst durch diese gemeinsame geistliche Kraft gestärkt, will sie zum König gehen. Alle machen mit, alle beten und fasten.

Braucht Gott unser Fasten als Selbstkasteiung, um zu handeln? Liegt es dann doch an uns und unserer geistlichen Leistung, ob unsere Gebete erhört werden? Manche Christen vertreten die Ansicht: Wenn wir nicht fasten,

> Das Datum der Tötung aller Juden, des ersten geplanten großen Holocaust, kommt mit riesigen Schritten auf sie zu.

werden unsere Gebete nur als Bitten angesehen. Wenn wir aber fasten, rutschen sie in der Dringlichkeitsstufe höher.

Ehrlich gesagt: Ich kann mir nicht vorstellen, dass Gott solch eine Rangliste der Gebete führt. Aber ich denke mir, dass es für *uns selbst* äußerst wichtig ist, uns ganz auf ein Anliegen zu konzentrieren, ja sogar um dieses Anliegens willen auf etwas zu verzichten, auch auf wesentliche Dinge wie Nahrung.

Jesus geht vor Beginn seiner öffentlichen Tätigkeit für vierzig Tage in die Wüste und betet und fastet dort. Damit hat er ein Vorbild gesetzt. Auch heute noch gibt es Aktionen in Kirche und Gemeinde, die vor Ostern das Thema Fasten aufnehmen. So zum Beispiel die Aktion »Sieben Wochen ohne« der Evangelischen Kirche. Christen werden aufgefordert, sieben Wochen lang auf etwas zu verzichten. Worauf man verzichtet, entscheidet man selbst. Es gibt Menschen, die komplett auf Nahrung verzichten oder auch nur auf eine Mahlzeit pro Tag oder auf Süßigkeiten,

Fernsehen, PC-Spiele, Zigaretten, Alkohol usw. Ein Schüler hörte, dass in seiner Gemeinde viele Leute fasten und schlug schnell vor: »Ich faste Hausaufgaben!«

Fasten hilft uns selbst und es unterstützt uns dabei, uns auf ein bestimmtes Gebetsanliegen besser konzentrieren zu können. Eine Bitte darf uns ruhig einmal etwas kosten und darf auch uns selber zeigen, wie ernst wir es meinen.

Vor einigen Monaten bekamen wir einen erschreckenden Anruf. Ein junger Mitarbeiter unserer Gemeinde, ein Vater und Ehemann, hatte sich beim Fußballspielen verletzt. Die Wunde am Bein hatte sich dermaßen infiziert, dass er an einer Sepsis erkrankt war, einer Blutvergiftung. Er musste auf der Intensivstation ins Koma versetzt und an Maschinen angeschlossen werden. Es bestand die Gefahr, dass das Bein amputiert werden musste. Aber viel schlimmer noch, dass er bald schon sterben würde. Schnell gab es eine Telefonkette in unserer Gemeinde und darüber hinaus, E-Mails mit den aktuellsten Informationen wurden verschickt und eine Gebetsaktion startete, bei der rund um die Uhr für ihn gebetet wurde. Wer wollte, konnte sich in einen Zeitplan eintragen und eine Stunde Gebet übernehmen. Mehrere Tage ging das so. Etliche Gemeindeglieder fasteten für ihn. Sein Zustand besserte sich nicht. Es schien eher so, als müssten die Ärzte die Maschinen bald abstellen. Selbst eine Amputation schien sich nicht mehr zu lohnen.

Dann rief seine Frau meinen Mann und mich als Gemeindeleitung ans Krankenbett. Wir sollten noch einmal mit ihr und ihm beten und ihn salben, wie es in Jakobus 5,14 steht. Wir beteten für ihn, wohl wissend, dass er im Koma lag. Äußerlich konnte er nicht reagieren, doch sein Puls ging schneller. Ob er unser Gebet gespürt hatte? Abends kam die Nachricht: Es ginge noch schlechter. Doch am nächsten Morgen rief seine Frau an: Es sei

> Eine Bitte darf uns ruhig einmal etwas kosten und darf auch uns selber zeigen, wie ernst wir es meinen.

zum ersten Mal eine positive Veränderung festgestellt worden. Wir alle beteten weiter und nach noch einer Woche war er außer Lebensgefahr. Die Amputation blieb ihm erspart. Gott hatte unsere Gebete erhört. Wir konnten nichts für ihn tun, außer zu beten und Gott zu vertrauen.

Nicht alle Geschichten gehen so aus wie diese. Unser Freund ist wieder ganz gesund. Ich möchte Ihnen heute Mut machen. Mut, etwas Großes von Gott zu erwarten, und wo sinnvoll, mit Beten und Fasten für die Anliegen einzustehen, die Ihnen auf dem Herzen liegen. (EW)

Stille praktisch:

Wie wäre es, wenn Sie heute auf eine Sache verzichteten, die Sie sonst ganz selbstverständlich genießen? Wenn Sie also fasten würden? Und in der Zeit, die Sie durch den Verzicht gewinnen, beten  *Sie für ein Anliegen, das Ihnen oder jemandem in Ihrer Umgebung wichtig ist. Gleichzeitig können Sie überlegen, wie es wäre, wenn Sie einmal längere Zeit auf etwas verzichten würden, um mehr Platz und Zeit für Gott zu haben. Wer weiß, was alles geschieht, wenn wir beten und fasten! Es ist einen Versuch wert.*

Der Gedanke des Tages:

»Denn so spricht Gott der HERR, der Heilige Israels: Wenn ihr umkehrtet und stille bliebet, so würde euch geholfen; durch Stillesein und Hoffen würdet ihr stark sein. Aber ihr wollt nicht.«
(Jesaja 30,15; LUT)

Und er sprach zu ihnen: Geht ihr allein an eine einsame
Stätte und ruht ein wenig. Denn es waren viele, die kamen
und gingen, und sie hatten nicht Zeit genug zum Essen.
Markus 6,31 (LUT)

Ruhet – ein wenig!

Wie gerne wäre ich mal einen Tag lang dabei gewesen. Ich
hätte mich ganz unauffällig unter die Jünger gemischt –
es waren ja immer auch Frauen unter den Schülern von Jesus
– und hätte ihm zugehört und zugeschaut. Wie begeisternd und
aufregend muss es für die Jünger gewesen sein, hautnah mitzu-
erleben, was Jesus alles tat!

Doch wenn ich genau hinschaue und meine geistlich verklär-
ten Vorstellungen der Szenen mal weglasse, dann war das Leben der Jünger alles andere als beschaulich. Sie hatten Stress.
Viel Stress. Je länger sie mit Jesus unterwegs waren, desto mehr
Stress. Egal, wo sie auch hinkamen, die Leute kamen in Scharen,
um bei Jesus zu sein. Kranke wurden ihnen gebracht, Diskussionen mit Gelehrten standen an, Neugierige und Gegner von Jesus
suchten eine Gelegenheit, ihm eine Falle zu stellen.

Doch nicht nur das. Die Jünger wurden als Zweierteams aus-
gesandt, um selbst Erfahrungen zu sammeln. Nach der Lehre,
nach der Theorie kam die Praxis. Sie wurden ins kalte Wasser
geworfen. Sie hatten Jesus lange Zeit zugeschaut und jetzt sollten sie selbst für Kranke beten, Dämonen austreiben, die Gute
Nachricht vom kommenden Reich Gottes verkünden (siehe Markus 6,7-13).

Sie kamen müde, aber auch begeistert zurück. Sie hatten erlebt, dass Gott auch durch sie handelt. Aber es war anstrengend

gewesen. Ja, auch Erfolg kann anstrengend sein. Und wenn ich mir die Jünger etwas genauer ansehe, kann ich mir auch vorstellen, dass es in den kleinen Teams nicht nur Harmonie gab. Da wird so manche Spannung aufgekommen sein über die Art und Weise, wie man in Situationen reagiert. Unter den Jüngern waren sehr stürmische, aber auch sehr sensible Männer. Ob die immer so gut harmoniert haben?

Wir kennen das nur zu gut aus unseren Gemeinden. »Alles wäre so einfach, wenn alle so wären wie ich«, denken wir oft. Wir sehen das auch in der Mission. Viele Missionare kehren nach Hause zurück, nicht etwa weil ihr Dienst beendet ist, sondern weil es unlösbare Konflikte mit anderen Team-Mitgliedern gab.

Wir sehnen uns nach Ruhe, wenn wir Probleme mit anderen haben, dadurch gestresst sind und merken, dass sich die Spannung nicht einfach auflösen lässt. Es gilt auszuharren! Ester musste in einer Phase der Bedrohung durch den anstehenden Angriff auf die

> Doch wenn ich genau hinschaue und meine geistlich verklärten Vorstellungen der Szenen mal weglasse, dann war das Leben der Jünger alles andere als beschaulich. Sie hatten Stress.

Juden ruhig bleiben. Aushalten. Solche Ruhepausen sind nicht immer angenehm. Vor allem nicht, wenn sie in eine Phase der Erschöpfung fallen. Die Konflikte mit anderen können uns jede Ruhe rauben. Aber wir brauchen oft und gerade nach anstrengenden Einsätzen solche Stillephasen. Unser Körper, aber auch unsere Seele braucht das. Und Jesus weiß das!

Jesus sah das Bedürfnis der Jünger nach Ruhe und kümmerte sich darum. Er gab ihnen den Auftrag, an einen einsamen Ort zu gehen und ein wenig zu ruhen. Wohl wissend, dass die nächsten Aufgaben, dass die Hektik des Alltags schon bald wieder auf sie zukommen würden.

Die Vorstellungen davon, wie viel Ruhe ein Mensch braucht, sind sehr unterschiedlich. Manchmal befürchte ich, dass zu viele Menschen in den Gemeinden diese Einladung Jesu an die Jünger, ein wenig auszuruhen, zu ihrem einzigen Auftrag von Gott machen. Das heißt: Sie ruhen so gut wie immer aus. »Man darf sich ja nicht im Dienst für Gott verausgaben«, heißt es dann. Also macht man lieber gar nicht mit. Sie sollten diese Aufforderung Jesu mit folgender Betonung lesen: »Ruhet – *ein wenig!*« Das heißt im Umkehrschluss: Die meiste Zeit ist Dienst angesagt. Dann gibt es noch die anderen, die immer und überall dabei sind. Denen gilt: »*Ruhet* – ein wenig!«

> Manchmal befürchte ich, dass zu viele Menschen in den Gemeinden diese Einladung Jesu an die Jünger, ein wenig auszuruhen, zu ihrem einzigen Auftrag von Gott machen.

Die Aktiven in der Gemeinde hören oft von den »Ausgeruhten« Vorwürfe wie: »Du machst zu viel. So kann Gott das doch gar nicht gewollt haben. Du musst mal ausruhen.« Ja, jeder Mensch braucht diese Ruhe, einen »einsamen Ort«. Für beide Gruppen von Menschen stimmt es: Ruhet – ein wenig. Für die einen heißt es: ein wenig, für die anderen: Ruhet!

Ich weiß nicht, wo Sie sich selbst einordnen würden. Sind Sie einer derer, die im Zweifelsfall nichts tun und vorsorglich ausruhen? Oder einer von denen, der viel zu viel tut und sich über die ärgert, die sich die Freiheit nehmen, zu ruhen? (EW)

Stille praktisch:

Ich möchte Sie heute bitten, ein wenig zu ruhen. Suchen Sie sich einen einsamen Ort. Vielleicht finden Sie den nicht in Ihren eigenen vier Wänden. Gehen Sie in den Wald, in den Park, in Ihren Garten, in den Keller, irgendwohin, wo Sie ungestört sind. Lassen

Sie das Handy zurück. Setzen Sie sich hin und schließen Sie die Augen. Versuchen Sie, die Gedanken an sich vorbeiziehen zu lassen, wie Wolken am Himmel vorbeiziehen. Gönnen Sie Ihrer Seele eine Pause.

Sie haben keine Zeit dafür? Dann denken Sie an die Übung von gestern und verzichten Sie auf eine Mahlzeit oder Zeit am Computer oder am Fernseher und nutzen Sie diese Zeit, Ihrer Seele etwas Gutes zu tun.

Der Gedanke des Tages:

»Gedanken, die ruhen, bewegen vieles.«
(Almut Adler)

Siehe, die Hand des Herrn ist nicht zu kurz, um zu retten, und sein Ohr nicht zu schwer, um zu hören; sondern eure Vergehen sind es, die eine Scheidung gemacht haben zwischen euch und eurem Gott, und eure Sünden haben sein Angesicht vor euch verhüllt, dass er nicht hört.
   Jesaja 59,1-2 (ELB)

Wenn Gott schweigt ...

Mehr als frustriert kam eine junge Frau zum Gespräch. »Ich weiß auch nicht, was ich falsch mache. Ich habe immer das Gefühl, dass meine Gebete nur bis zur Decke gehen. Dass Gott mich gar nicht hört!« Oft messen wir den Erfolg unserer Gebete an unserem Gefühl. Wir meinen zu wissen, ob und wann Gott unsere Gebete hört und vielleicht sogar erhört, nämlich dann, wenn wir dabei ein gutes Gefühl haben. Wenn uns sozusagen »der Himmel offen« steht. Doch was, wenn wir das nicht spüren? Und was ist mit den Gebeten, die ein paar Meter über uns haltmachen und nicht in den Himmel steigen?

Eigentlich ist die Antwort einfach und dennoch ist sie sehr schwer: Unsere Gefühle spielen keine Rolle, ob Gott unsere Gebete beantwortet oder nicht. Und ein Gebet, das uns nicht das erhebende Gefühl von Erhörung bringt, ist dennoch ein Gebet, das Gott hört. Schließlich ist Gott nicht nur über uns und räumlich außerhalb unserer eigenen vier Wände, sondern mittendrin. Und selbst wenn das Gebet an der Decke hängen bleiben sollte, ist es genau da, wo es hingehört: in Gottes Gegenwart. Gott ist nicht nur oben im Himmel. Er ist hier bei uns. Egal, wie tief wir emotional gerade durchhängen, er ist da. Er entfernt sich nicht von uns. Er kann das gar nicht, weil er uns viel zu sehr liebt.

Und was ist mit all den unerfüllten Wünschen? Wieso antwortet Gott denn nicht, wenn wir ihn ernsthaft bitten? Liegt es an uns? An unserem Glauben, unserem Gehorsam?

Ja und nein.

Ja, denn die Bibel zeigt uns, dass unsere Sünde Gottes Angesicht vor uns verbergen kann. In Jesaja 59,1-2 lesen wir: *Siehe, die Hand des Herrn ist nicht zu kurz, um zu retten, und sein Ohr nicht zu schwer, um zu hören; sondern eure Vergehen sind es, die eine Scheidung gemacht haben zwischen euch und eurem Gott, und eure Sünden haben sein Angesicht vor euch verhüllt, dass er nicht hört (ELB).*

»Das ist doch das Alte Testament. Durch Jesus sind wir nicht mehr von Gott getrennt! Die Sünde ist nicht mehr da. Gott hat vergeben!« – so sagen Sie jetzt vielleicht. Ich stimme Ihnen zu. Und dennoch glaube ich und kenne es auch aus meinem eigenen Leben,

> **Und ein Gebet, das uns nicht das erhebende Gefühl von Erhörung bringt, ist dennoch ein Gebet, das Gott hört.**

dass Sünde unseren Blick auf Gott verstellen kann. Dinge, die wir nicht ans Licht bringen, die wir im Dunkel unseres Lebens verstecken, nehmen uns etwas von der Nähe Gottes. Gott ist ein heiliger Gott. Nur in Jesus dürfen wir uns ihm nahen. Doch das muss von uns in Anspruch genommen werden. Wir müssen unsere Schuld vor Gott bekennen. Im Vaterunser beten wir: *Und vergib uns unsere Schuld (Matthäus 6,12; LUT)* und in 1. Johannes 1,9 heißt es: *Wenn wir aber unsere Schuld zugeben, dann erweist sich Gott als vertrauenswürdig und gerecht. Denn er nimmt unsere Schuld von uns und macht uns rein von aller Ungerechtigkeit (DBU).* Nur so können wir zu Gott kommen. Bekennen wir unsere Schuld, ist es so, als sei die Standleitung zwischen Gott und uns wieder frei.

Doch ich sagte: Ja und nein. Nein, denn Gott hat oft ganz andere Wege für uns, als es uns lieb ist. Wie viele beten für einen Ehepartner und sind doch Singles! Wie viele möchten Kinder und bekommen doch keine! Wie viele beten für ihre Kinder und erleben dennoch, wie sie falsche Entscheidungen treffen und Gott nicht nachfolgen wollen? Hat Gott diese Gebete denn nicht gehört? Doch, er hat sie gehört. Aber er hat unsere Bitten nicht erfüllt. Wir können Gottes Wege mit uns nicht immer verstehen. Aber wir können Ja zu ihnen sagen. Das macht es viel leichter, als wenn wir uns gegen Gottes Weg mit uns auflehnen.

> **Was tun, wenn Gott unsere Gebete nicht erhört? Mit ihm im Gespräch bleiben. Ihn konfrontieren. Ihm das Leid klagen.**

Ein Lied, das wir als Jugendliche immer gesungen haben, greift das auf: »Sag Ja zu Gottes Wegen. Gottes Wege sind immer gut. Er führt dich allerwegen stets in seiner Hut. Manchmal scheint es dir, dass Gottes Segen nicht mehr fließt. Manchmal wird dein Blick getrübt. Oft gelingt's dem Feind, dass er die Augen dir verschließt dafür, dass dein Herr dich liebt. Sag Ja, sag Ja zu Gottes Wegen. Gottes Wege sind immer gut. Er führt dich allerwegen stets in seiner Hut!«

Was tun, wenn Gott unsere Gebete nicht erhört? Mit ihm im Gespräch bleiben. Ihn konfrontieren. Ihm das Leid klagen. Ihm vertrauen, auch wenn uns unser Verstand etwas anderes einflüstern will. An ihm dranbleiben. *Doch ich bin stets bei dir. Du hast meine rechte Hand gefasst. Nach deinem Rat leitest du mich und nachher nimmst du mich in Herrlichkeit auf (Psalm 73,23-24; ELB). (EW)*

Stille praktisch:

Schreiben Sie auf, welche Gebete Gott noch nicht erhört hat. Legen Sie diese Liste in Ihre Bibel. Nehmen Sie sie von Zeit zu Zeit heraus und schauen Sie nach, ob und wie Gott schon geantwortet hat. Heute können Sie die Liste getrost so stehen lassen. Gott

weiß um alles, was darauf steht. Schreiben Sie zum Zeichen Ihres Vertrauens unten auf die Liste folgenden Bibelvers: Dennoch bleibe ich stets an dir; denn du hältst mich bei meiner rechten Hand, du leitest mich nach deinem Rat und nimmst mich am Ende mit Ehren an (Psalm 73,23-24; LUT).

Der Gedanke des Tages:

»Wenn Gott lange schweigt, dann will er reden.«
(Gertrud von le Fort)

Denn deine Güte ist besser als Leben; meine Lippen preisen dich. So will ich dich loben mein Leben lang und meine Hände in deinem Namen aufheben. Das ist meines Herzens Freude und Wonne, wenn ich dich mit fröhlichem Munde loben kann; wenn ich mich zu Bette lege, so denke ich an dich, wenn ich wach liege, sinne ich über dich nach. Denn du bist mein Helfer, und unter dem Schatten deiner Flügel frohlocke ich.
  Psalm 63,4-8 (LUT)

Und Gott hat es gut gemacht

Mitten in unseren Flitterwochen, die wir 1983 in Israel verbracht haben, trafen wir in der südlichsten Stadt des Landes, in Eilat, überraschend auf eine Art Karnevalszug. Ich war mehr als erstaunt, als ich Erwachsene und Kinder verkleidet und fröhlich tanzend auf den Straßen sah. Es gab sogar große Motivwagen, wie ich sie aus meiner Kindheit im Rheinland kenne. Was gefeiert wurde? Das Purimfest. Das Fest der Königin Ester. Überall auf der Welt feiern Juden an diesem Tag, dass durch ihren Einsatz für ihr Volk der Massenmord an den Juden im Weltreich des Perserkönigs Xerxes verhindert werden konnte.

Was hat Königin Ester damals gemacht? Mordechai hatte ihr vorgeschlagen, ungebeten vor den König zu treten. Nach drei Tagen wagt sie es schließlich. Das hätte ihren Tod bedeuten können, doch der König freut sich, seine hübsche Frau zu sehen, und bietet ihr sogar an, ihr einen Wunsch zu erfüllen. Bis zum halben Königreich dürfe sie sich alles wünschen, und sie würde es erhalten. Doch Ester hat einen anderen Plan. Sie lädt Haman, den Mann, der in seinem Hass den Befehl erlassen hat, alle Juden zu töten, und ihren Mann, den König Xerxes, zu sich zum

Essen ein. Wieder bietet ihr der König an, ihr einen Wunsch zu erfüllen. Sogar wenn sie sich das halbe Königreich wünschte, würde er ihrem Wunsch entsprechen. Doch Ester rückt wieder nicht mit ihrem wahren Anliegen heraus.

War sie zu ängstlich? Brachte sie es nicht über die Lippen? War sie versucht, das halbe Königreich zu wünschen, statt für ihr Volk einzutreten? War es ihre überaus kluge Taktik, nicht sofort ihren Wunsch zu nennen? Wir erfahren es nicht. Aber wir wissen, dass sie noch einmal den König und Haman zu sich einlädt. Sie teilt dem König mit, dass ihr Volk, zu dem sie sich in diesem Gespräch zum ersten Mal bekennt, von Haman mit dem Tod bedroht wird.

> Ester hat einen anderen Plan. Sie lädt Haman, den Mann, der in seinem Hass den Befehl erlassen hat, alle Juden zu töten, und ihren Mann, den König Xerxes, zu sich zum Essen ein.

Der König reagiert sofort wütend und verlässt erst einmal den Saal. Als er zurückkommt, sieht er, wie Haman Ester körperlich bedrängt, sie solle sich doch für ihn einsetzen. Xerxes interpretiert Hamans Verhalten als sexuellen Annäherungsversuch und lässt ihn sofort an dem Galgen hinrichten, den Haman schon für Mordechai hatte aufrichten lassen. Haus und Besitz von Haman, ja sogar seine Stelle als Stellvertreter des Königs, werden Mordechai übertragen.

Doch der Befehl, die Juden zu töten, kann nicht so einfach widerrufen werden, weil die Gesetze der Meder und Perser unwiderruflich sind. Aber er wird ergänzt durch die Erlaubnis, dass sich die Juden gemeinsam gegen alle Angriffe verteidigen dürfen. Ja sogar bereichern dürfen sich die Juden an den Habseligkeiten derer, die es wagen, sie anzugreifen. Das Volk der Juden ist gerettet. Ein Holocaust ist verhindert worden. Das ist bis heute ein Grund zum Feiern und wirklich ein Grund, Gott zu danken.

Überall, wo Purim gefeiert wird, wird das Buch Ester laut vorgelesen. Und jedes Mal, wenn der Name Haman gelesen wird, sollen alle Kinder Krach machen, damit man den Namen nie mehr hören muss. Fröhlich und ausgelassen geht es zu, eben wie im Karneval.

Ende gut, alles gut. Wie oft schon haben wir es erlebt, dass wir nach wirklich schwierigen Zeiten im Rückblick sagen konnten: Gott hat es gut gemacht. Vergessen sind die Stunden der Angst. Die Bedrohung ist vorbei, das Aufatmen ist befreiend, die Schrecken der Vergangenheit sind überwunden. Tausend Gründe, Gott zu danken, fallen uns ein.

> Wie oft schon haben wir es erlebt, dass wir nach wirklich schwierigen Zeiten im Rückblick sagen konnten: Gott hat es gut gemacht.

Eine Woche geht zu Ende. Eine Woche, in der Ester uns begleitet hat. Ihr Schicksal, ihr von Gott geführtes Leben hat uns einen Einblick gegeben in das Wirken Gottes im Leben einer einfachen Frau. Gott hat sie an einen Platz gestellt, der ihr ermöglicht hat, ihr Volk zu retten. Dabei ist sie selbst durch viel Schweres gegangen, musste eine Menge auf sich nehmen. Aber am Ende, im Rückblick, macht alles einen Sinn. Es ist gut. Es ist sogar sehr gut, was Gott durch Ester getan hat. Selbst wenn wir manchmal warten müssen, wenn sich äußerlich lange nichts tut, die Stille still bleibt: Gott ist da. Er ist souverän und hält alles in der Hand. Haben wir Geduld! Und vergessen wir nicht, dass Gott gerade durch uns handeln möchte. Dazu in der nächsten Woche mehr. (EW)

Stille praktisch:

Stimmen Sie in das Lob der Ester ein, in das Lob des Volkes Gottes, in das Lob der weltweiten christlichen Gemeinde. Summen oder singen Sie innerlich ein Loblied, das Sie auswendig können. Er-  *zählen Sie heute jemandem von einem Erlebnis mit Gott, wo er Ihnen geholfen hat. Heute ist ein Gedenktag. Ein Tag, an dem Sie über die Güte Gottes neu ins Staunen kommen können.*

Der Gedanke des Tages:

»Denk daran, bevor du ins Gelobte Land einziehst, musst du das Rote Meer und die Wüste durchqueren.«
(Don Bosco)

»Wer Kraft aus der Stille schöpft,
spart manche Medizin.«

Peter Friebe

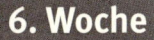

6. Woche

Stille Kraft

Aus der Stille leben

Als sie nun das Mahl gehalten hatten, spricht Jesus zu Simon Petrus: Simon, Sohn des Johannes, hast du mich lieber, als mich diese haben? Er spricht zu ihm: Ja, Herr, du weißt, dass ich dich lieb habe. Spricht Jesus zu ihm: Weide meine Lämmer! Spricht er zum zweiten Mal zu ihm: Simon, Sohn des Johannes, hast du mich lieb? Er spricht zu ihm: Ja, Herr, du weißt, dass ich dich lieb habe. Spricht Jesus zu ihm: Weide meine Schafe! Spricht er zum dritten Mal zu ihm: Simon, Sohn des Johannes, hast du mich lieb? Petrus wurde traurig, weil er zum dritten Mal zu ihm sagte: Hast du mich lieb?, und sprach zu ihm: Herr, du weißt alle Dinge, du weißt, dass ich dich lieb habe. Spricht Jesus zu ihm: Weide meine Schafe!
Johannes 21,15-17 (LUT)

Gott lässt uns neu anfangen

Der Kreis schließt sich. In der ersten Woche der 40 Tage hat uns Jesus mit in die Stille genommen. Für ihn war der ganz normale Alltag ohne eine ständige Verbindung zu seinem himmlischen Vater undenkbar. In dieser letzten Woche wird uns Petrus zum Vertrauten, der Mann, der Jesus verraten hat und noch einmal von vorne anfangen darf.

Ich will Sie mit an den See Genezareth nehmen, dorthin, wo Jesus einst seine Jünger berufen hat. Petrus ist wieder am See, zusammen mit einigen anderen Männern. Jesus ist nicht dabei. Wo er ist, wissen die Jünger nicht. Jesus wurde gekreuzigt. Zwar sind sie dem Auferstandenen kurz nach Ostern begegnet, haben aber keine Ahnung, wie es nun weitergehen soll. Verunsichert und niedergeschlagen macht Petrus den naheliegenden Vorschlag: »Lasst uns fischen gehen.« Das tun sie dann auch – was sollten sie auch sonst machen?

Sie fangen nichts, bis plötzlich Jesus am Ufer steht, den sie allerdings zunächst nicht erkennen. Er befiehlt ihnen, es noch einmal zu versuchen. Als sie das tun, werden die Netze zu schwer, um sie an Land zu ziehen. So erkennt Petrus den Herrn, und der stellt die Frage aller Fragen, die Frage, die er auch uns im Laufe des Lebens immer wieder stellt: »Hast du mich lieb?« Jesus will Petrus mit einer großen Verantwortung für seine Kirche beauftragen, aber bevor er seinen Jünger zurück in den Alltag schickt, stellt er ihm diese eine Frage: »Hast du mich lieb?«

Diese Frage macht nicht wenige Menschen misstrauisch. Sie ist ihnen viel zu subjektiv, zu gefühlsbetont. Was heißt das denn schon, »Jesus lieben«? Zwei ernst zu nehmende Missverständnisse begegnen uns hier. Das eine ist: Liebe zu Jesus hat etwas mit Atmosphäre, wunderschöner Musik und heißen Gefühlen zu tun. Sicherlich kann und darf es so sein, aber Liebe ist immer auch Tat, Hingabe und Leidenschaft. Sind Sie verheiratet? Lieben Sie Ihren Mann, Ihre Frau? Stellen Sie sich einmal folgende Situation vor: Ein Ehepaar hat eingekauft. Zwei volle Taschen mit Lebensmitteln und eine Kiste Mineralwasser. Sie wohnen im zweiten Stock. Die Ehefrau hängt sich die eine Tasche über die rechte Schulter, die andere über die linke, und mit beiden Händen trägt sie den Kasten Mineralwasser. Der Ehemann begleitet sie die Treppe hinauf, in der Hand den Schlüsselbund. Er kann es sich einfach nicht verkneifen, ihr auf der steilen Treppe zu gestehen: »Du Schatz, ich liebe dich!« Fantastisch – sie würde ihn am liebsten erschießen!

Liebe ist mehr als Worte und schöne Gefühle. Liebe ist Hingabe, Tat, weg von mir, hin zum Nächsten! Liebe ist all das, oder es

> Jesus will Petrus mit einer großen Verantwortung für seine Kirche beauftragen, aber bevor er seinen Jünger zurück in den Alltag schickt, stellt er ihm diese eine Frage: »Hast du mich lieb?«

ist keine Liebe. Deshalb fragt unser guter Herr den Petrus, fragt ihn, bevor er ihn beauftragt: »Hast du mich lieb?«

Ein zweites Missverständnis liegt darin, dass wir irgendwie meinen, ein wenig Glauben, ein wenig Beziehung, ein wenig Jesus würden reichen. Unser Kontakt zu Jesus ist oft verkümmert. Wir reden nicht mehr mit dem, den wir vorgeben zu kennen. Er spielt nur eine Nebenrolle in unserem Leben. Brennan Manning schreibt dazu: »An einem beliebigen Tag, als die Gnade mich überwältigte und ich wieder zum Gebet zurückkehrte, erwartete ich halbwegs, dass Jesus fragen würde: ›Wer ist denn das?‹«

Haben Sie einmal gelesen, was Paulus im Kolosserbrief über Jesus schreibt? *Durch ihn ist alles erschaffen, was im Himmel und auf der Erde ist: Sichtbares und Unsichtbares, Königreiche und Mächte, Herrscher und Gewalten. Alles ist durch ihn und für ihn geschaffen. Denn Christus war vor allem anderen; und alles besteht durch ihn* (Kolosser 1,16-17; HFA). Jesus Christus – nur eine Nebenrolle in unserem Leben? Unmöglich! Ihn kennen bedeutet, ihn zu lieben, und deshalb ist Liebe zu Jesus niemals Realitätsflucht, niemals Gefühlsduselei hinter verschlossenen Türen. Liebe zu Jesus ist genau das Gegenteil: Ich mache mich auf im Namen des Herrn, der sein Leben für mich gab. Ich verschenke mich an den, dessen Herz am Kreuz für mich brach. Wie könnte mir irgendetwas in dieser Welt wichtiger sein als er?

Jesus fragt den Petrus: »Hast du mich lieb?« Es geht um eine Beziehung. Gott kommt in meinen Alltag und will mit mir zusammen sein. Ich suche Jesus um seiner selbst willen, ich suche ihn, weil ich ihn liebe!

> Jesus Christus – nur eine Nebenrolle in unserem Leben? Unmöglich! Ihn kennen bedeutet, ihn zu lieben, und deshalb ist Liebe zu Jesus niemals Realitätsflucht, niemals Gefühlsduselei hinter verschlossenen Türen.

Gerhard Terstegen wurde 1797 in Moers geboren. In späten Jahren hat er das Lied gedichtet, das wohl sein bekanntestes ist. Es klingt wie ein Vermächtnis. »Ich bete an die Macht der Liebe, die sich in Jesus offenbart; ich geb mich hin dem freien Triebe, wodurch auch ich geliebet ward; ich will, anstatt an mich zu denken, ins Meer der Liebe mich versenken.«

Jesus fragt Petrus, Jesus fragt Sie und mich am Anfang einer neuen Woche: »Hast du mich lieb?« Erst wenn wir diese Frage beantworten, kann er uns senden! Darüber morgen mehr. (KGP)

Stille praktisch:

Lesen Sie doch einfach einmal die Liebeserklärungen der Männer und Frauen Gottes in der Bibel und lassen Sie sich davon anstecken:
Wie der Hirsch lechzt nach frischem Wasser, so schreit meine Seele, Gott, zu dir! Meine Seele dürstet nach Gott (David in Psalm 42,2-3; LUT).

Von ganzem Herzen preise ich den Herrn. Ich bin glücklich über Gott, meinen Retter (Maria in Lukas 1,46-47; HFA).

Herr, du weißt alles. Du weißt doch auch, wie sehr ich dich liebe! (Petrus in Johannes 21,17; HFA).

Wie sieht Ihre eigene Liebeserklärung aus?

Der Gedanke des Tages:

Jesus fragt: »Hast du mich lieb?«
(Johannes 21,17)

Und zum dritten Mal fragte Jesus: »Simon, Sohn des Johannes, hast du mich wirklich lieb?« Jetzt wurde Petrus traurig, weil Jesus ihm nun zum dritten Mal diese Frage stellte. Deshalb antwortete er: »Herr, du weißt alles. Du weißt doch auch, wie sehr ich dich liebe!« Darauf sagte Jesus: »Dann hüte meine Schafe! Ich sage dir die Wahrheit: Als du jung warst, hast du dir selbst den Gürtel umgebunden und bist gegangen, wohin du wolltest. Im Alter aber wirst du deine Hände ausstrecken; ein anderer wird dir den Gürtel darumbinden und dich dorthin führen, wo du nicht hingehen willst.«

Johannes 21,17-18 (HFA)

Gott hält an seiner Berufung fest

Noch einmal wollen wir diesen so besonderen Text aus Johannes 21 auf uns wirken lassen, ein Wort Gottes zum Durch- und Aufatmen! Ein Moment der Stille am Herzen Gottes! Gestern haben wir festgestellt: Der allmächtige Gott gibt sich nicht mit einem Nebenplatz in unserem Leben zufrieden. Er ist entweder unsere Mitte oder er ist uns fremd und fern. Liebe sucht immer die Nähe des anderen, sonst ist es keine Liebe. Erst wenn das geklärt ist, sendet uns der Herr! Die Voraussetzung zur Mitarbeit im Reich Gottes ist die Liebe zu Jesus. Deshalb fragt Jesus dreimal: »Petrus, hast du mich lieb?« Dann sendet er ihn. Gott hält an seiner Berufung fest.

Über dem Leben eines jeden Christen stehen zwei Worte, zwei Zusagen Gottes: geliebt und berufen. Gott liebt uns und er ruft uns in seinen Dienst, in seine Nachfolge. Wir bekommen eine neue Perspektive, einen ganz anderen, tieferen Sinn für unser Leben. Berufung, das bedeutet: Gott sagt Ja zu mir! Wenn Gott

Ihnen sagt, er liebt Sie, dann will er Sie! Er will nicht auf Sie verzichten. Sie sind ein Teil der Familie Gottes und dürfen mit an seinem Tisch sitzen. Wenn Sie am Ende der Zeiten den großen Saal betreten, dort, wo die Hochzeit zwischen der Gemeinde und dem Sohn Gottes gefeiert wird, dann wird man Ihnen fröhlich entgegenrufen: »Herzlich willkommen. Setz dich, feiere mit uns!«

Ein Leben lang kämpfen wir um Anerkennung, würden so gerne hier und da mit dazugehören. Wir erleben Zurückweisung! Nicht immer ist ein Stuhl für uns reserviert. Nicht jeder will uns haben. Umso schöner, wenn man uns einlädt. Wenn wir dabei sein dürfen.

> Der allmächtige Gott gibt sich nicht mit einem Nebenplatz in unserem Leben zufrieden. Er ist entweder unsere Mitte oder er ist uns fremd und fern.

Vor vielen Jahren war ich zu einer ungewöhnlichen Veranstaltung eingeladen, zum Empfang der Bundesregierung in der Bremer Kongresshalle. Die ganze Regierungsmannschaft war versammelt. Der Ort war hermetisch abgeriegelt. Viele Menschen standen draußen und bestaunten das Spektakel aus der Ferne. Aus irgendeinem Grund war ich dabei. Also konnte ich schnurstracks auf den Eingang zugehen, die Männer vom Sicherheitsdienst ignorieren, meine Einladungskarte vorzeigen und schon war ich drin! Ich gehörte dazu, wurde freundlich begrüßt, bekam ein Programmheft und nach den vielen Reden sogar etwas zu essen. Das war ein unvergessliches Erlebnis.

Was uns am Ende der Zeiten erwartet und schon hier seinen Anfang nimmt, ist unvergleichlich größer. Als Kinder Gottes gehören wir dazu, Gott hält an seiner Berufung fest. Petrus ist das beste Beispiel dafür. Jesus hatte ihn nicht abgeschrieben, genauso wie Sie und ich nicht abgeschrieben sind – trotz all unseres Versagens. Nein, die wirklich gute Nachricht an diesem neuen

Tag ist: Wir sind eingeladen. Wir gehören dazu. Wie Petrus sind wir berufene Leute.

Ich will Ihnen ein paar der Personen vorstellen, die ebenfalls mit dazugehören:

Johannes der Täufer zum Beispiel. Auf dem Höhepunkt seiner Popularität trat plötzlich Jesus auf. Johannes musste mit ansehen, wie ein Teil seiner Jünger das Lager wechselte. Die Gefahr bestand, dass er arbeitslos würde. Wie reagierte Johannes? *Ein Mensch kann nichts nehmen, wenn es ihm nicht vom Himmel gegeben ist ... Wer die Braut hat, der ist der Bräutigam; der Freund des Bräutigams aber, der dabeisteht und ihm zuhört, freut sich sehr über die Stimme des Bräutigams. Diese meine Freude ist nun erfüllt. Er muss wachsen, ich aber muss abnehmen (Johannes 3,27-30, LUT).* Johannes war geliebt und berufen und er wusste es.

> Daran erkennt man berufene Leute, so wie Petrus einer war. Sie wissen, sie haben es eigentlich nicht verdient, aber Gott war unendlich gnädig zu ihnen.

Ein anderes Beispiel, David. Die Bibel nennt ihn einen »Mann nach dem Herzen Gottes«. Er war der größte aller Könige, die Israel je hatte, aber er war auch ein sehr demütiger Mann. Als es in seinem Leben zur größten persönlichen Krise kam, zeigte er echte Reue und kehrte um. Aus dieser Zeit stammt Psalm 51: *Schaffe in mir, Gott, ein reines Herz, und gib mir einen neuen, beständigen Geist. Verwirf mich nicht von deinem Angesicht, und nimm deinen Heiligen Geist nicht von mir. Erfreue mich wieder mit deiner Hilfe, und mit einem willigen Geist rüste mich aus (12-14; LUT).*

Daran erkennt man berufene Leute, so wie Petrus einer war. Sie wissen, sie haben es eigentlich nicht verdient, aber Gott war unendlich gnädig zu ihnen. Deshalb wollen berufene Menschen Jesus näherkommen – ihr Leben lang.

Petrus hatte nicht damit gerechnet, nicht wirklich. In seiner dunkelsten Stunde hatte er versagt und dreimal Jesus verleugnet. Als alles vorbei war, blieben nur heiße Tränen. Versagen und abgrundtiefe Verzweiflung besetzten sein Herz. Doch dann kommt Jesus an den See und fragt ihn dreimal: »Petrus, hast du mich lieb?« Und sendet ihn, ein zweites Mal. Er hält an seiner Berufung fest.

Wollen wir das? Wollen Sie das? Ich will das oft nicht. Ich bin manchmal erschrocken, wie hart und kalt mein Herz ist. Wie wenig mich der Wunsch treibt, seine Ehre zu suchen und nicht die meine. Wie oft habe ich dieses Lied schon mit Tränen in den Augen gesungen: »Und ich danke dir, dass du mich kennst und trotzdem liebst.« Wie gut, dass unser Herr mit unserem Herzen klarkommt. (KGP)

Stille praktisch:

Nutzen Sie ein paar stille Momente und sagen Sie es ihm – einfach so: »Jesus, ich liebe dich.« Und dann hören Sie genau hin, was er Ihnen antwortet.

Der Gedanke des Tages:

»Gott beruft nicht fähige Leute, er befähigt die, die er beruft.«
(Sheri Wilson)

Als dann schließlich das Fest des fünfzigsten Tages nach dem Passafest herbeigekommen war, waren sie alle zusammen an ein und demselben Ort. Da passierte es: Plötzlich kam vom Himmel ein starker Wind, als würde ein gewaltiger Sturm vorbeibrausen, und erfüllte das ganze Haus, in dem sie saßen. Da sahen sie: Etwas wie aufgeteilte Feuerzungen ließ sich auf jedem Einzelnen von ihnen nieder. Und sie alle wurden erfüllt von dem heiligen Gottesgeist und fingen an, in anderen Sprachen zu sprechen, genau so, wie der Gottesgeist es ihnen auszusprechen ermöglichte.
Apostelgeschichte 2,1-4 (DBU)

Gott rüstet uns aus

Vor einigen Jahren war ich in einer kleinen Gemeinde im Sudan. Nach dem Gottesdienst kamen einige Leute nach vorne, um für sich beten zu lassen. Ich betete mit einer alten Frau, die Schmerzen in der Schulter hatte. Das hatte ich verstanden, so weit hatten meine Arabischkenntnisse gereicht. Ich begann, im Stillen für sie zu beten. Ich suchte noch nach arabischen Worten, die ich benutzen konnte, damit sie meine Gebete verstehen würde. Plötzlich fing sie an, laut auf Englisch zu sprechen: »Jesus, ich liebe dich. Jesus, du bist der Herr! Jesus, du bist der Sieger!« Dabei war sie sichtlich bewegt und zitterte am ganzen Körper. Kaum hatte sie diese Worte ausgesprochen, sah sie mich verängstigt an: »Was habe ich gesagt?«, fragte sie mich aufgeregt. »Ich weiß nicht, was ich gesagt habe. Ich spreche doch nur Arabisch.«

Ich musste lachen. Hier hatte anscheinend der Heilige Geist jemandem ein Pfingsterlebnis geschenkt. Die Frau konnte nur Arabisch. Aber ich hörte perfektes Englisch aus ihrem Mund.

Ich konnte sie beruhigen und ihr sagen, dass sie nur Gott gelobt hatte in einer Sprache, die sie selbst nie gelernt hatte und die sie auch nicht verstehen konnte.

So stelle ich mir das vor, was hier von Pfingsten berichtet wird. Die Jünger sprechen in Sprachen, die sie nicht gelernt haben. Menschen hören plötzlich in ihrer Muttersprache, was der Heilige Geist den Jüngern eingibt.

Jesus war in den Himmel zurückgekehrt. Und genau so, wie er es verheißen hatte, sandte er nun seinen Jüngern den Heiligen Geist. Dieser Geist erfüllte ihre Herzen. Die Folge davon war, dass sie nun frei und öffentlich und ohne Furcht von Jesus redeten. Die Nachricht von seiner Auferstehung musste hinaus in alle Welt, zu allen Völkern, in allen Sprachen.

> **Durch den Heiligen Geist hören wir Gottes Stimme. Durch den Heiligen Geist wissen wir, was wir reden sollen, wenn wir Menschen die Gute Nachricht bringen. Gott schenkt uns alles.**

Der Heilige Geist kam auf verschüchterte Menschen, die sich zurückgezogen hatten, sich im Geheimen trafen und Angst vor Verfolgung durch die Gegner Jesu hatten. Und genau da hinein kam er und wirbelte sie durcheinander. Als der Heilige Geist ihre Herzen erfüllte, verloren sie die Angst und predigten mutig auf der Straße, allen voran Petrus. Bei seiner Pfingstpredigt bekehrten sich allein 3000 Menschen! Aus dem Feigling, der Jesus dreimal verleugnet hatte, war ein entschiedener Nachfolger Christi geworden! Er hatte keine Probleme mehr, über Jesus zu reden.

Das Gleiche gilt für uns heute: Durch den Heiligen Geist hören wir Gottes Stimme. Durch den Heiligen Geist wissen wir, was wir reden sollen, wenn wir Menschen die Gute Nachricht bringen. Gott schenkt uns alles.

Ich erzähle Ihnen eine Begebenheit, die mir gezeigt hat, wie unsicher wir oft sind, wenn es um die Weitergabe des Glaubens geht. Ich saß im Wartezimmer beim Augenarzt. Mit mir saßen noch vier Frauen dort. Wir alle hatten Tropfen in die Augen bekommen, die die Pupillen weiten. Keine von uns konnte noch richtig sehen. Mir gegenüber saß eine alte Frau in hessischer Tracht. Sie saß dort und machte immer wieder ihre Handtasche auf und zu. Dann plötzlich zog sie etwas heraus und drückte es uns allen kommentarlos in die Hand. Es waren Schriften, die zum Glauben einluden. Zwei Frauen nahmen ohne Kommentar die Broschüren an und steckten sie ein. Die dritte Frau lehnte dankbar ab. Ich konnte sie verstehen, denn wir konnten ja alle nichts lesen.

> **Wenn wir Menschen die Gute Nachricht überbringen wollen, brauchen wir die Kraft des Heiligen Geistes.**

Die ältere Christin hat es gut gemeint. Sie wollte uns allen die gute Nachricht von Jesus weitersagen. Aber es geschah völlig verkrampft. Das nervöse Öffnen und Schließen der Tasche war ein Zeichen für ihre Unsicherheit. Es war keine wirkliche Liebe dabei, kein Verständnis für die Situation, in der wir alle waren, denn sonst hätte sie vielleicht noch ein verbindliches Wort an uns gerichtet. Es schien fast so, als würde sie eine lästige Pflicht hinter sich bringen.

Wenn wir Menschen die Gute Nachricht überbringen wollen, brauchen wir die Kraft des Heiligen Geistes. Er übersetzt sozusagen die Botschaft von Jesus in die Sprache, die die Menschen jeweils verstehen. Er kann uns Ideen geben, wie wir andere am besten erreichen können. Denn es gibt keine Nullachtfünfzehn-Methode, durch die wir alle Menschen gleichermaßen mit Jesus bekannt machen können.

Jesus sagte, dass es gut ist, dass er selbst weggeht, damit der Heilige Geist kommen kann: *Ich habe noch so viel, was ich euch sagen möchte. Aber ihr seid nicht in der Lage, es zu verarbeiten. Aber wenn er kommen wird, der Geist, der voll Wahrheit ist, dann wird er euch an der Hand nehmen und in die vollkommene Wahrheit hineinführen. Er wird nicht aus seiner eigenen Verantwortung*

sprechen. Sondern das, was er selber hört, das wird er euch wei-
tersagen. Das, was noch kommen wird, wird er euch verkünden.
Sein Ziel ist es, mir Ehre zu bringen. Denn er wird das überneh-
men, was ich sage, und es euch nahebringen. Alles, was Gott der
Vater besitzt, das ist auch mein Eigentum. Deshalb sage ich: Der
Geist wird meine Worte übernehmen und an euch weitervermit-
teln (Johannes 16,12-15; DBU).

Gott redet durch den Heiligen Geist. Deshalb ist es so wichtig,
dass wir ihm in unserem Leben Raum geben. (EW)

Stille praktisch:

Bitten Sie heute den Geist Gottes, dass
er zu Ihnen und durch Sie spricht. Dass
er Sie führt und Ihnen heute Begeg-
nungen mit Menschen schenkt, die das
Evangelium hören sollen. Beten Sie
dann innerlich darum, dass Sie die richtige »Sprache« finden, die
richtigen Worte, um diese Menschen zu erreichen.

Der Gedanke des Tages:

»Du Heil´ger Geist, bereite
ein Pfingstfest nah und fern,
mit deiner Kraft begleite
das Zeugnis von dem Herrn.
Oh, öffne du die Herzen
der Welt und uns den Mund,
dass wir in Freud´ und Schmerzen
das Heil ihr machen kund.«
(Philip Spitta)

Einmal stiegen Petrus und Johannes hinauf auf den Tempelplatz zur Gebetszeit, um drei Uhr nachmittags. Da wurde ein Mann herbeigetragen, der schon von seiner Geburt an gelähmt war. Wie an jedem Tag setzten sie ihn vor dem Tempeltor ab, das als »Schönes Tor« bezeichnet wird. Dort sollte er von denen, die in den Tempel hineingingen, Almosen erbetteln. Als dieser Mann Petrus und Johannes sah, die gerade im Begriff waren, in den Tempel hineinzugehen, bat er sie um ein Almosen.

Petrus blickte ihn direkt an, zusammen mit Johannes, und sagte: »Sieh uns an!« Der Mann schaute sie aufmerksam an, weil er meinte, dass er etwas von ihnen bekommen würde. Doch Petrus sagte zu ihm: »Ich habe weder Silber noch Gold. Aber das, was ich habe, das gebe ich dir: Im Namen von Jesus, dem Messias, dem Mann aus Nazareth, steh auf und lauf umher!«

Dann ergriff er ihn an der rechten Hand und hob ihn hoch. Unverzüglich festigten sich seine Füße und Knöchel. Er sprang auf und stand aufrecht, lief umher und ging dann mit ihnen in den Tempelhof hinein. Dabei lief er herum, hüpfte und lobte Gott.

Apostelgeschichte 3,1–8 (DBU)

Gott will durch uns Wunder tun

Als Jugendliche bewegte mich die wahre Geschichte von Joni Eareckson-Tada, die als Siebzehnjährige nach einem Kopfsprung in seichtes Wasser vom Hals ab querschnittgelähmt war. In ihrer Autobiografie beschreibt sie eindrücklich, wie sie um Heilung gebetet hat. Und wie auch immer wieder Menschen für sie gebetet haben, manche im festen Glauben, dass sie geheilt würde. Doch sie blieb gelähmt. Aber es gab einen anderen Weg für sie, heraus aus der Lähmung. Ihre Seele, ihr Geist waren umso mehr aktiv. Sie entdeckte neue Freiräume. Sie begann, mit dem Mund zu malen. Sie lernte, in einem eigens für sie gebauten Fahrzeug Auto zu fahren. Doch das, was mich am meisten beeindruckt hat, ist das, was sie in Bewegung setzte. Sie gründete eine Hilfsorganisation für Menschen mit Behinderung: das Joni and Friends Disability Center. Ihr Hilfswerk betreibt Radiosender, verschickt Rollstühle und Hilfsmittel in arme Länder, betreut Behinderte in aller Welt. Hier hat eine Frau, die selbst trotz aller Gebete gelähmt geblieben ist, einen Weg aus dem Selbstmitleid hinein in das Mitleiden mit anderen Menschen gefunden. Jemand, der lebenslang auf Hilfe angewiesen sein wird, hat sich dazu entschieden, anderen Menschen lebenslang zu helfen.

> Jemand, der lebenslang auf Hilfe angewiesen sein wird, hat sich dazu entschieden, anderen Menschen lebenslang zu helfen.

Doch es gibt auch eine andere Art von Wundern. Jesus hat sie uns verheißen, nämlich dass wir in seinem Namen Kranken die Hände auflegen werden und dass sie geheilt werden: *Das sind die Zeichen, die als Bestätigung die begleiten werden, die vertrauen: In meinem Namen werden sie dämonische Mächte vertreiben. Sie werden in neuen Sprachen sprechen. Und wenn sie mit ihren Händen Schlangen aufheben oder etwas Vergiftetes trinken, dann wird das ihnen nicht schaden. Sie werden die Hände auf Kranke legen, und die werden dann wieder ganz gesund werden (Markus 16,17-18; DBU).* Petrus hat das erfahren, als er für einen Gelähmten betete: Er wurde geheilt und konnte wieder gehen. Ein Wunder war durch ihn geschehen!

Gott will uns als Christen, als seinen Gemeinden, die Kraft geben, solche Wunder zu tun. Als junge Frau machte ich ein Praktikum im deutschen Missionskrankenhaus in Assuan, Ägypten. Ich wurde in die Familie einer einheimischen Mitarbeiterin eingeladen. Am Ende des Besuchs bat man mich, für die Mutter der

Familie zu beten. Sie hatte Diabetes und ihr Bein war offen. Da ich keine Medizinerin war, fiel es mir schwer, das Bein anzusehen. Ich wusste nicht so richtig, wie ich beten sollte. So sprach ich ein kurzes und einfaches Gebet. Ehrlich gesagt: Ich wollte einfach schnell nach Hause. Die Situation war mir unangenehm. Die Erwartungen waren sehr hoch. Doch ich hatte keinerlei Erfahrung in diesem Bereich.

Ein paar Tage später traf ich die Tochter des Hauses, die mir freudestrahlend berichtete, dass kurz nach dem Gebet das Bein geheilt worden war. Damit hatte ich überhaupt nicht gerechnet. Doch sie entgegnete nur: »Du hast doch gebetet!«

> Vielleicht geht es Ihnen wie mir damals: Wir haben Angst, für Kranke zu beten, Angst, nicht die richtigen Worte zu finden. Je mehr wir lernen, auf Gottes Stimme zu hören, desto besser wissen wir, wie wir beten sollen.

Wenn wir für Kranke beten, brauchen wir ein feines Gespür. Wir müssen ganz nah an Gottes Herzen sein, in der Stille in unserem Herzen hören, was er sagt, und abwarten, wie er uns leitet. Die Kraft des Heiligen Geistes ist in uns. Wir beten im Namen von Jesus, in seinem Auftrag, in der von ihm verliehenen Autorität. Er ist der Handelnde. Joni Eareckson hilft Tausenden Menschen, die wie sie nicht geheilt wurden. Und die Menschen, die geheilt werden, ermutigen viele, an Gottes Größe und Macht nicht länger zu zweifeln.

Vielleicht geht es Ihnen wie mir damals: Wir haben Angst, für Kranke zu beten, Angst, nicht die richtigen Worte zu finden. Je mehr wir lernen, auf Gottes Stimme zu hören, desto besser wissen wir, wie wir beten sollen. Gott will Wunder tun. Das steht fest. Und wir dürfen ihn darum bitten. Im Jakobusbrief lesen wir, dass Gott immer handelt: *Geht es jemandem unter euch schlecht, dann soll er Zuflucht im Gebet nehmen. Wenn jemand guten Mutes ist, dann soll er Gott mit Psalmliedern loben. Ist jemand unter euch krank, dann soll er die leitenden Leute in der Gemeinde zu sich rufen. Die sollen mit ihm beten und ihn dabei im Namen von Jesus, dem Herrn, mit Öl salben. Das vertrauensvolle Gebet wird dem Kranken helfen, und Jesus, der Herr, wird ihn wieder aufrichten. Und wenn er Schuld auf sich geladen hat, dann wird ihm das vergeben werden (Jakobus 5,13-15; DBU).* Auch wenn nicht alle geheilt werden, Gott richtet jeden Kranken auf, der sich an ihn wendet. Auf dem Gebet für Kranke liegt ein besonderer Segen. Für den Kranken und für den, der betet. Lassen Sie sich diesen Segen nicht entgehen. Und erleben Sie, wie Gott durch Sie Wunder tut! (EW)

Stille praktisch:

Ich möchte Sie heute ermutigen, sich leidenden Menschen zuzuwenden. Sicher freut sich jemand, den Sie kennen, über einen Anruf, eine Postkarte, einen Besuch. Doch auch das Gebet ist wichtig. Beten Sie für die Kranken. Bieten Sie an, mit Ihnen und für Sie zu beten. Hören Sie auf Gottes Stimme, wenn Sie beten. Gott tut Wunder. Auch heute. Und wenn sich die Gelegenheit ergibt, dass Sie für Kranke beten können, tun Sie es im Vertrauen, dass Sie ein Kind Gottes sind, das seinen Vater frei heraus bitten kann. Gott ist der Handelnde. Die Verantwortung für das Ergebnis liegt bei ihm, nicht bei uns.

Der Gedanke des Tages:

»Im Realisten wird der Glaube nicht durch das Wunder hervorgerufen, sondern das Wunder durch den Glauben.«
(Fjodor Michailowitsch Dostojewski)

Und ihr sollt wissen, liebe Freunde, dass ein Tag für den Herrn wie tausend Jahre ist und tausend Jahre wie ein Tag. Es ist aber nicht so, dass der Herr seine versprochene Wiederkehr hinauszögert, wie manche meinen. Nein, er wartet, weil er Geduld mit uns hat. Denn er möchte nicht, dass auch nur ein Mensch verloren geht, sondern dass alle Buße tun und zu ihm umkehren. Doch der Tag des Herrn wird so unerwartet kommen wie ein Dieb. (...) Wenn aber alles um uns her sich auf diese Weise auflösen wird, wie viel mehr solltet ihr dann ein Leben führen, das heilig ist und Gott ehrt! Wir aber erwarten den neuen Himmel und die neue Erde, die er versprochen hat. Dort wird Gottes Gerechtigkeit herrschen.
  2. Petrus 3,8–11.13 (NLB)

Gott führt uns ans Ziel

Unsere 40 Tage gehen zu Ende. Aber was sind diese wenigen Tage verglichen mit der Ewigkeit, die uns erwartet? Wie anders tickt Gottes Uhr? Petrus ist es ein hohes Anliegen, uns das klarzumachen. Er möchte, dass wir weit über unserem Alltag ein Ziel erahnen, für das es sich zu leben lohnt.

Was Gott auf keinen Fall will

Gott will nicht, dass Menschen verloren gehen. Das ist sein erklärter Wille. Der Apostel Paulus schreibt: *Gott will, dass allen Menschen geholfen werde und sie zur Erkenntnis der Wahrheit kommen (1. Timotheus 2,4; LUT).* Das ist der Grund, warum wir überhaupt noch Zeit haben und uns die Ewigkeit nicht längst eingeholt hat. Gott wartet und das ist für uns von entscheidender Bedeutung. Die ganz praktische Frage ist doch: Wenn er vor x Jahren gekommen wäre, was hätte das für Konsequenzen gehabt?

Vor einiger Zeit habe ich in unserer Gemeinde die Menschen gebeten, aufzustehen, die in den letzten zehn Jahren Christen geworden sind. Da standen sie nun: Michael, Christiane, Bettina, Nicole, Andrea, Wolfgang und viele andere. Wenn Gott vor zehn Jahren den Schlussstrich unter unsere Geschichte gesetzt hätte, wenn er wiedergekommen wäre, dann wären sie nicht dabei. Der Himmel ohne sie – schwer vorstellbar.

Verstehen wir jetzt, warum Gott uns Zeit schenkt, viel Zeit? Gott wartet mit den letzten Dingen, bis das Maß voll ist. Noch ist Gelegenheit, Christ zu werden, und die Chance sollten wir nutzen. Fröhlich über Jesus reden, ernsthaft zum Glauben einladen.

> **Er möchte, dass wir weit über unserem Alltag ein Ziel erahnen, für das es sich zu leben lohnt.**

Was Gott auf jeden Fall will

Zu oft war in der Geschichte das Reden von der Ewigkeit ein stilles Argument, um sich aus der Verantwortung für diese Welt zu stehlen. Wir machen die Tür zu, drehen die Heizung hoch und lassen die böse Welt draußen. Nur – das ist nicht der Wille Gottes für unser Leben. Wie schreibt Petrus: *Wenn aber alles um uns her sich auf diese Weise auflösen wird, wie viel mehr solltet ihr dann ein Leben führen, das heilig ist und Gott ehrt? (2. Petrus 3,11; NLB)*

Wie lebe ich richtig? Wie gehe ich gut mit meinem Geld, meiner Gesundheit und meiner Zeit um? Wie sieht ein Leben aus, das heilig ist und Gott ehrt? Ein 16-jähriger Schüler schreibt: »Was mir auffällt: Viele Erwachsene haben Angst vor der Zukunft. Und es kommt mir so vor, dass sie mit dieser Angst viele Jugendliche anstecken.«

Ich glaube, dass wir als Menschen Gottes hier ganz neu gefragt sind. Nicht als politische Partei und auch nicht als ein Stück Kultur, sondern als Boten der ewig gültigen Normen Gottes. Jesus selbst macht es unmissverständlich klar, wenn er von seinen Leuten als dem »Licht der Welt« und dem »Salz der Erde« spricht. Wir haben revolutionäres Potenzial, wenn wir heilig leben!

Vor einiger Zeit habe ich den ehemaligen Pastor der Nikolaikirche in Leipzig, Christian Führer, kennengelernt. Er hatte 1982 mit den Friedensgebeten in seiner Kirche begonnen. Immer mehr Menschen waren dazugekommen. Am 9. Okotber 1989 schließlich, sieben Jahre später, drohte die Situation in Leipzig zu eskalieren. Die SED befürchtete bürgerkriegsähnliche Auseinandersetzungen. Während ca. 2000 Menschen in der Kirche beteten, fanden sich über 70 000 Bürger zu einer Demonstration zusammen. Was dann geschah, steht so in der Chronik der Nikolaikirche:

> Wir unterschätzen uns so oft, wir unterschätzen die Kraft und Macht Gottes. Wir sehen unsere kleine Gruppe, empfinden den schwindenden Einfluss der Christen in unserem Land als so schmerzhaft, aber vergessen, dass der ewige Gott seine Sache zu Ende führt.

»Und als wir, mehr als 2000 Menschen, aus der Kirche kamen – den Anblick werde ich nie vergessen –, warteten Zehntausende draußen auf dem Platz. Sie hatten Kerzen in den Händen. Und wenn man eine Kerze trägt, braucht man beide Hände. Man muss das Licht behüten, vor dem Auslöschen schützen. Da kann man nicht gleichzeitig noch einen Stein oder Knüppel in der Hand halten. Und das Wunder geschah ... Es war ein Abend im Geist unseres Herrn Jesus, denn es gab keine Sieger und Besiegten, es triumphierte niemand über den anderen, keiner verlor das Gesicht ... Nicht eine zerstörte Schaufensterscheibe. Die unglaubliche Erfahrung der Macht der Gewaltlosigkeit. Sindermann, der dem

Zentralkomitee der SED angehörte, sagte vor seinem Tod: »Wir hatten alles geplant. Wir waren auf alles vorbereitet. Nur nicht auf Kerzen und Gebete.«

Alles fing damit an, dass ein kleiner Kreis von Menschen 1982 anfing zu beten. Am 9. November 1989, sieben Jahre später, fiel die Mauer. Wir unterschätzen uns so oft, wir unterschätzen die Kraft und Macht Gottes. Wir sehen unsere kleine Gruppe, empfinden den schwindenden Einfluss der Christen in unserem Land als so schmerzhaft, aber vergessen, dass der ewige Gott seine Sache zu Ende führt. Gott will, das wir heilig leben und das Ziel erreichen.

Was Gott verspricht

Am 22. Mai 1919 wurde im Zentralgefängnis von Riga Marion von Kloth durch die Bolschewiken erschossen. Sie war 21 Jahre alt. Marion von Kloth war nicht bereit gewesen, ihren Glauben an Jesus Christus aufzugeben. Im Gefängnis war sie die Seelsorgerin der Mitgefangenen gewesen und hatte ihnen immer wieder das gleiche Lied vorgesungen: »Weiß ich den Weg auch nicht, du weißt ihn wohl; das macht die Seele still und friedevoll. Ist's auch umsonst, dass ich mich sorgend müh, dass ängstlich schlägt mein Herz, sei's spät, sei's früh. Du weißt den Weg ja doch, du weißt die Zeit, dein Plan ist fertig schon und liegt bereit.«

Was hat Gott uns versprochen? *Wir aber erwarten den neuen Himmel und die neue Erde, die er versprochen hat. Dort wird Gottes Gerechtigkeit herrschen (2. Petrus 3,13; NLB).* Bis es so weit ist, lasst uns mehr beten, glaubensvoll arbeiten, fröhlich singen und heilig leben. Zu seiner Ehre, Amen. (KGP)

Stille praktisch:

40 Tage – Gott erleben. Es ist an der Zeit, eine Bilanz zu ziehen. Was haben Ihnen diese 40 Tage bedeutet? Gab es Momente der Stille, die Sie besonders berührt haben, Bibelworte, die Ihnen wichtig geworden sind?

Wie geht es jetzt weiter? Bleiben Sie dran! Gönnen Sie sich jeden Tag Momente der Stille, Zeit, dem zu begegnen, der alle Sehnsucht stillt.

Der Gedanke des Tages:

»Weiß ich den Weg auch nicht, du weißt ihn wohl; das macht die Seele still und friedevoll. Ist´s auch umsonst, dass ich mich sorgend müh, dass ängstlich schlägt mein Herz, sei´s spät, sei´s früh. Du weißt den Weg ja doch, du weißt die Zeit, dein Plan ist fertig schon und liegt bereit.«
(Hedwig von Redern)

40 Tage Gott erleben

Die Gemeindeaktion für das Jahr der Stille

»Unruhig ist meine Seele, bis sie Ruhe findet, Gott, in dir.«
(Augustinus)

Unsere Zeit sehnt sich nach Stille – und flieht gleichzeitig vor ihr. Klöster erleben einen Besucherandrang wie nie – und doch gelingt es kaum jemandem, Stille in den eigenen lauten und hektischen Alltag zu integrieren. Wie entdecken wir in diesem Lärm Gottes gesunden Lebensrhythmus für unseren Alltag wieder? Wie entwickeln wir in unseren Gemeinden eine Kultur der Stille? Darum geht es in dieser Gemeindeaktion zum Jahr der Stille.

Etwa 1000 Gemeinden haben in den letzten fünf Jahren »40 Tage«-Kampagnen durchgeführt. Viele tausend Menschen haben auf diese Weise Gott kennengelernt und wurden in die christliche Gemeinschaft aufgenommen. Über 5000 Kleingruppen und Hauskreise sind dadurch bundesweit entstanden. Die Erfahrung dieser Kampagnen wurde nun auf »Stille – 40 Tage Gott erleben« übertragen.

Die Gemeindeaktion »40 Tage Gott erleben« – das sind ...

• 6 inspirierende Gottesdienste

Sie laden in Ihrer Gemeinde zu sechs besonderen Gottesdiensten ein – zu Gottesdiensten, in denen Besucher in die Welt der Stille hineingeführt werden, in der sie zur Ruhe kommen und Gott erleben können.

• 6 besondere Kleingruppenabende

Die Kleingruppen haben sich in den letzten Kampagnen als die Wachstumsmotoren schlechthin erwiesen. Viele Menschen –

gerade Suchende und Kirchendistanzierte – lassen sich gerne auf eine »Gemeinschaft auf Zeit« ein. Nicht selten hat sich die Zahl der Kleingruppen in einer Gemeinde nach einer »40 Tage«-Kampagne um 50 Prozent erhöht, bei manchen Gemeinden sogar verdoppelt.

- **40 intensive Tage**
  Während der 40 Tage werden Sie und Ihre Gemeinde die Stille neu für sich entdecken und sie bewusster suchen. Wir möchten den Einzelnen dazu einladen, sich während der Kampagne jeden Tag etwas Zeit zu nehmen, um ganz persönlich dem zu begegnen, der alle Sehnsucht stillt. Teilnehmende Gemeinden erhalten daher das Aktionsbuch Stille in einer günstigen Sonderausgabe.

- **Thema: Stille – Dem begegnen, der alle Sehnsucht stillt**
  Als teilnehmende Gemeinde erhalten Sie umfangreiche Materialien zur Planung und Gestaltung der Gottesdienste und der gesamten Kampagne (z.B. Predigtentwürfe, Theaterstücke, Liedvorschläge, DVD mit Impulsreferaten für die Kleingruppen, Entwürfe für die Gestaltung der Kleingruppenabende, der Kinder- und Jugendstunden etc.)

»Die ›40 Tage‹-Kampagnen haben in unserer Gemeinde wirklich eingeschlagen. Die Kombination aus Buchlektüre, Kleingruppen, Gottesdienst und einigen weiteren Highlights hat für einen nachhaltigen Effekt gesorgt.«
  Eberhard Schilling (Pastor)

»Vertiefte Hingabe, ein Motivationsschub für die ganze Gemeinde. Eine der besten Aktionen, die mir bekannt ist.«
  Andreas Sommer (Pastor)

Weitere Infos zur Kampagne »Stille – 40 Tage Gott erleben« und die Möglichkeit zur Anmeldung finden Sie unter
www.kirchemitvision.de

*»In der Stille können wir
Gottes Herzschlag hören.«*

Richard Foster

Elke Werner, Klaus-Günter Pache

Stille – Hörbuch

Dem begegnen, der alle Sehnsucht stillt

Das Andachtsbuch »Stille« gibt es auch
komplett als Hörbuch auf 4 CDs.

Für alle, die im Auto oder auch auf dem heimischen Sofa
Stille erleben wollen.

Es ermutigt dazu, still vor Gott zu werden
und ihm in Augenblicken der Ruhe zu begegnen.

4 CDs · Bestell-Nr. 312.018.281

Elke Werner, Klaus-Günter Pache

Stille vor dir

12 Lieder zum Staunen

Die Musik-CD zur Aktion
»Stille – 40 Tage Gott erleben«!

12 Lieder führen zum Staunen über Jesu Opfer am Kreuz
und schenken kostbare Momente der Stille.

CD · Bestell-Nr. 226.307

SCM R.Brockhaus